TREFF-Schülerwissen
Verdächtig
Von großen Ganoven, Detektiven und Spionen

Velber Verlag
© 2005 Family Media GmbH & Co. KG, Freiburg i. Br.
Alle Rechte vorbehalten

Repro: Baun PrePress, Fellbach
Druck und Bindung: EUROLITHO, Italien
ISBN: 3-86613-291-3

TREFF **Schülerwissen**

Verdächtig

Von großen Ganoven, Detektiven und Spionen

- Spannung
- Wissenswertes
- Reportagen
- Geschichten

velber

INHALT

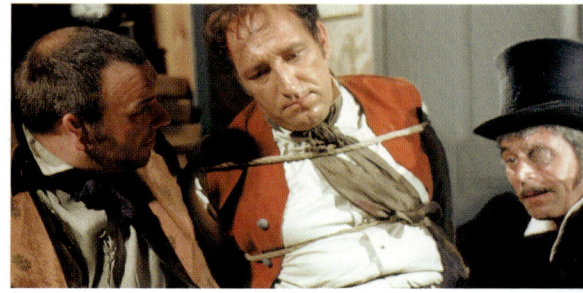

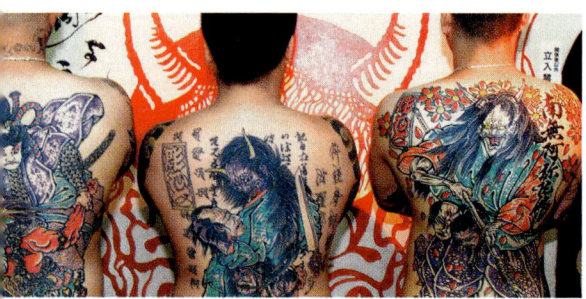

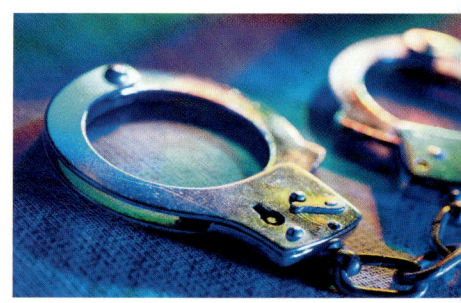

Gesucht: tot oder lebendig!

Sie sind das berühmteste Liebes- und Diebespaar in der Geschichte des Verbrechens: Bonnie Parker und Clyde Barrows. Eine Gangstergeschichte, die tödlich endet.

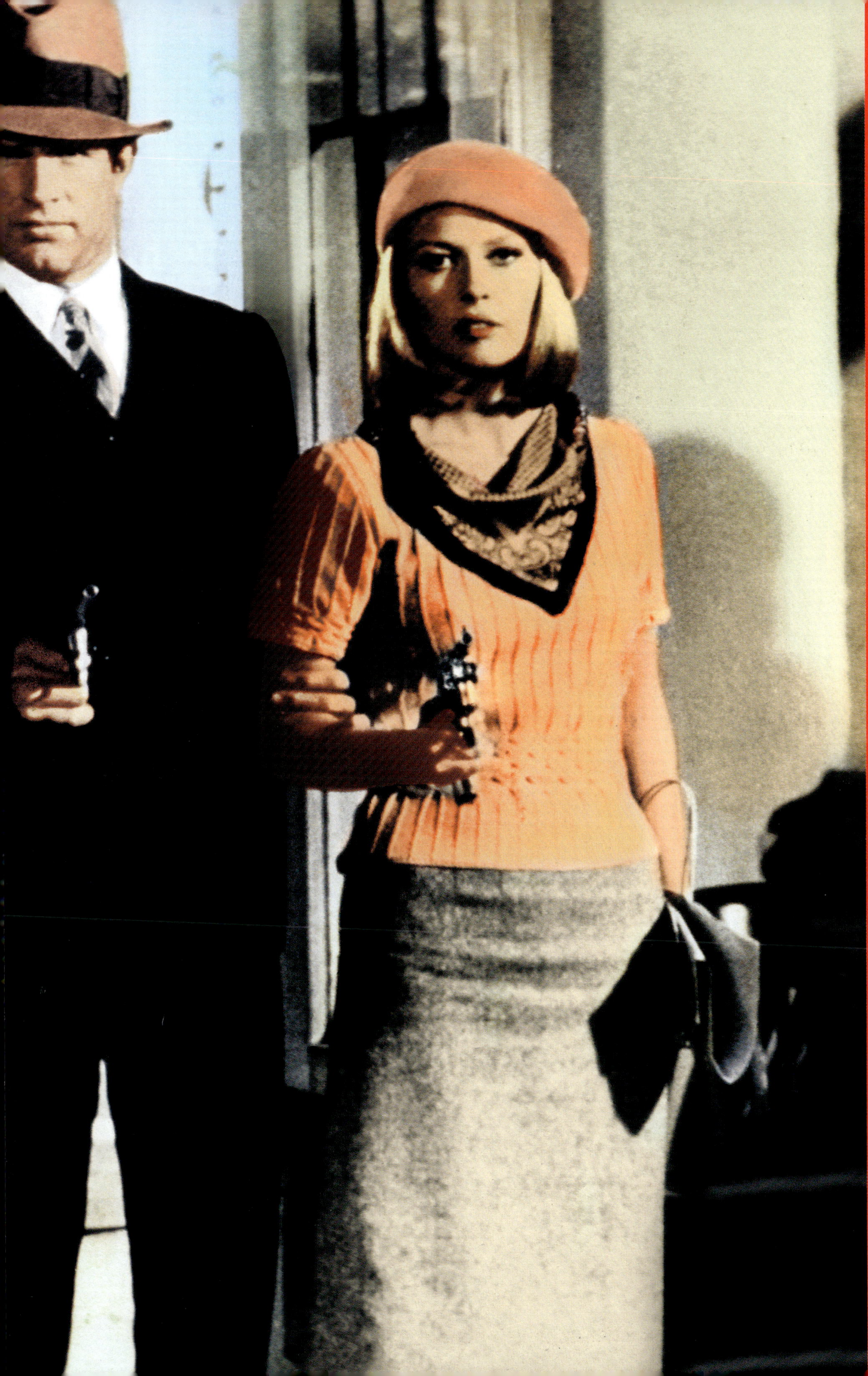

UNVERGESSEN

In Filmen werden „Karrieren" von Verbrechern und Mördern oft glorifiziert. Szenen (siehe auch S. 8 und 9) aus „Bonnie and Clyde" mit Faye Dunaway und Warren Beatty.

D a sind sie", flüstert Ted Hinton. Der Deputy Sheriff von Dallas County entsichert seine Browning. Die fünf Kollegen neben dem Deputy Sheriff machen ihre Maschinenpistolen ebenfalls schussbereit. Vorsichtig ducken sich die Polizisten hinter den dichten Büschen am Rand der Sailes Road, einer schmalen Landstraße im Bundesstaat Louisiana.

Gebannt beobachten sie den beigefarbenen Ford 34, der sich langsam nähert. Hinter der Frontscheibe ist bereits das Gesicht des Fahrers zu erkennen. Neben ihm sitzt eine junge Frau in einem roten Kleid.

Der Wagen ist nur noch ein paar Meter entfernt. „Feuer", ruft einer der Polizisten. Die Maschinenpistolen rattern los. Ihr ohrenbetäubender Lärm durchbricht den friedlichen Morgen. Dann wird es still. Tödlich still.

Als sich der Pulverdampf verzieht, geht Hinton zum Wagen. Er ist mit über 150 Einschusslöchern übersät. Die Insassen hatten keine Chance, den Kugelhagel zu überleben. An diesem 23. Mai 1934 sterben Bonnie und Clyde, eines der berühmtesten Gangsterpärchen in der Geschichte des Verbrechens.

Trotz ihres brutalen Vorgehens wurden Bonnie und Clyde für viele Menschen in den USA zu Volkshelden. Der Mythos Bankraub war geboren. Wie alles begann?

Der Traum vom Glück

Clyde Barrow wurde 1909 in Texas als Sohn eines Farmers geboren. Angestiftet von seinem älteren Bruder Buck war er bereits als Jugendlicher mit dem Gesetz in Konflikt geraten und hatte, verführt von der Aussicht auf schnelles Geld, einige Raubüberfälle begangen. Clyde war aufbrausend, hasste es, sich die Finger schmutzig zu machen und liebte Anzüge aus feinem Tuch, Seidenhemden und schnelle Autos.

Bonnie Parker erblickte 1910 in Telico, Texas, das Licht der Welt. Sie schrieb Gedichte und liebte die Kunst. Mit 19 lernte sie Clyde kennen. Er war attraktiv, hatte ein sicheres Auftreten und war stets gut gekleidet. Clyde schien der Mann ihrer Träume zu sein. Und so begann jene Romanze, die im Kugelhagel endete.

Verbrecherin aus Liebe

Bonnie blieb nicht lange verborgen, womit Clyde seinen aufwändigen Lebensstil finanzierte. Bereits fünf Wochen nach ihrem ersten Rendezvous wurde Clyde Barrow eingesperrt. Anklagepunkte: Raubüberfälle und Autodiebstähle. Aber die junge Frau war bereits zu verliebt, um sich von ihm zu trennen. Sie schmuggelte sogar eine Pistole in das Gefängnis und verhalf Clyde zum Ausbruch.

Die mit Waffengewalt erzwungene Freiheit sollte nicht lange dauern. Nach nur einer Woche wurde Clyde wieder geschnappt. Dieses Mal wurde er zu 14 Jahren Arbeitslager verurteilt. Nach acht Monaten ließ er sich von einem Mithäftling mit der Axt zwei Zehen abschlagen und wurde prompt im Februar 1932 auf Bewährung entlassen.

In den 1930er Jahren versetzten Bonnie und Clyde den Südwesten der USA in Angst und Schrecken. Es war die Zeit der wirtschaftlichen Krise (Depression). 1400 Dollar war die höchste Summe, die sie je erbeuteten. Insgesamt starben jedoch mindestens 15 Menschen durch Bonnie und Clyde und ihre Gang. Die amerikanische Presse und die Leser verfolgten interessiert ihr Leben und Sterben.

Clyde fand einen Job in einer Baufirma, den er jedoch kurz darauf schon wieder kündigte. Stattdessen brach er mit Bonnie und zwei zwielichtigen Gestalten, dem Autoknacker und Schwarzhändler Raymond Hamilton und dem Einbrecher Ralph Fults, zu neuen Raubzügen auf. Die Bande wurde bereits beim ersten Einbruch in ein Waffengeschäft überrascht. Während Clyde und Raymond Hamilton flüchten konnten, wurden Bonnie und Fults gefasst. Ralph Fults nahm großmütig alle Schuld auf sich. So konnte Bonnie das Gefängnis wieder verlassen.

Bonnie Parker (1910–1934) hatte nicht nur eine Schwäche für Pistolen und Ganoven, sondern auch ein Faible für Kunst und Schriftstellerei.

Der erste Mord

Am 23. April 1932 zwangen Clyde und Hamilton den Ladenbesitzer John Bucher mit vorgehaltener Waffe, seinen Safe zu öffnen. Dabei drückte der aufgeregte Hamilton aus Versehen ab und tötete John Bucher. Spätestens jetzt war für Clyde der Weg zurück in ein bürgerliches Leben versperrt. Auch wenn er selbst die tödliche Kugel nicht abgefeuert hatte, so würde er doch als Mittäter zum Tode verurteilt werden. Ihm blieb nur die Flucht. Trotzdem hielt Bonnie weiter zu Clyde. Vier Monate später wurde das Gangsterpaar und ihr Komplize Raymond Hamilton bei einer Tanzveranstaltung in Oklahoma erkannt. Clyde eröffnete sofort das Feuer auf die Beamten und tötete einen Deputy Sheriff.

Und wieder war die Bande auf der Flucht. Sie überfielen Tankstellen, Geschäfte und Banken. Sie verschwanden mit schnellen Autos in einer Staubwolke über die Grenze des nächsten Bundesstaates. Dort waren sie zumindest vor der Polizei aus den anderen Bundesstaaten sicher, deren Zuständigkeit an der Grenze endete.

In ihrem Gedicht „The Story of Bonnie and Clyde" beschreibt Bonnie ihr kriminelles Leben mit Clyde: „Now Bonnie and Clyde are the Barrow gang. I'm sure you all have read how they rob and steal …".

Harte Zeiten, magere Beute

Fette Beute machten Bonnie und Clyde nie. Der „Erlös" ihrer Raubzüge reichte gerade zum Leben. Dafür gingen sie aber kaltblütig über Leichen. Nicht ihr zweifelhafter „Berufserfolg" machte das raubende und schießende Pärchen berühmt. Es war die Skrupellosigkeit und Geschicklichkeit, mit der sie ihren Häschern immer wieder entkommen konnten. Wo immer sie gestellt wurden, schossen sie sich den Weg frei.

Langsam aber sicher zog sich die Schlinge zu: Im Juli 1933 fand die Polizei Fotos von Bonnie und Clyde in einem panikartig verlassenen Unterschlupf: Bonnie posierte stolz als Gangsterbraut mit Zigarre und Revolver und Clyde lässig mit Maschinengewehr vor einem gestohlenen Wagen. Dieses Photo ging durch die amerikanische Presse. Ganz Amerika kannte nun die Gesichter von Bonnie und Clyde.

Gesucht: tot oder lebendig

Immer öfter wurde das Paar nun von der Polizei gestellt. Aber es mussten erst vier weitere Beamte sterben, weil sich Bonnie und Clyde immer wieder rücksichtslos den Weg freischossen.

Jetzt kannte die Polizei kein Erbarmen mehr. Heimlich wurde ein Sonderkommando mit Sheriff Ted Hinton und einigen Spezialagenten gebildet, das Bonnie und Clyde fassen sollte: tot oder lebendig. Am 23. Mai 1934 schnappte die Falle dann zu. Ein Komplize

Clyde Barrow (1909–1934), Sohn eines texanischen Farmers. Mit 17 landete er erstmals im Gefängnis.

hatte das Gangsterpaar verraten. Und dieses Mal machten es die Polizisten wie Clyde: Sie ließen den beiden keine Chance. Ohne jede Vorwarnung durchsiebten die Polizisten das Auto des berühmten Diebes- und Liebespaares.

Das große Zittern: Zwischen 1932 und 1934 hatten die Besitzer von Banken, Tankstellen und Geschäften Angst vor einem Überfall des Gangster-Duos.

Kaspar Hauser hatte zwei Briefe in der Hand, als er 1828 in Nürnberg auftaucht. Er hatte sein ganzes Leben in einem dunklen Keller verbracht. Ein Foto aus der Verfilmung von Werner Herzog „Jeder für sich und Gott gegen alle".

Ungeklärt: Der Fall Kaspar Hauser

War Kaspar Hauser ein entführter Prinz oder nur ein Betrüger? Bis heute ist das Rätsel nicht gelöst. Einer der größten ungeklärten Fälle in der Kriminalgeschichte.

Am Pfingstmontag im Jahre 1828 taucht in Nürnberg ein seltsamer Junge auf. Mit ausdruckslosem Blick torkelt die verwahrloste Gestalt durch die menschenleeren Gassen, in der Hand zwei Briefe. Mitten in der Stadt bleibt der etwa 16-Jährige stehen, er weiß nicht mehr weiter. Die Fragen, die die Polizisten später auf der Wache an den Jungen richten, versteht dieser nicht. Doch als sie ihm eine Schreibfeder in die Hand drücken, um ein Kreuz unter das Protokoll zu setzen, schreibt er klar und deutlich: Kaspar Hauser. Die beiden Briefe weisen Kaspar als Findelkind aus, das von einem armen Tagelöhner großgezogen wurde. Aber sie stellen sich schnell als Fälschung heraus. Kaspar Hauser wird in den Gefängnisturm gebracht, weil niemand etwas mit ihm anzufangen weiß. Schon bald besucht ihn dort Nürnbergs Erster Bürgermeister Friedrich Binder. Er ist der Erste, der sich über Kaspar Hausers Herkunft Gedanken macht: Ist das Findelkind vielleicht adelig?

Wie ein Dreijähriger

Sein Verhalten jedenfalls ist äußerst merkwürdig: Fleisch und Bier weist Kaspar angeekelt zurück, er will nur Wasser und trockenes Brot. Das Sonnenlicht schmerzt ihn in seinen Augen, sein Benehmen ist wie das eines Dreijährigen. Die Ärzte, die Kaspar untersuchen, stellen erstaunt fest, dass seine Fußsohlen viel weicher sind als die Handflächen mancher Menschen – er scheint nicht viel gelaufen zu sein. Alles weist darauf hin, dass er sehr lange eingesperrt war. Aber warum?

Der Gerichtspräsident Anselm von Feuerbach, der oberste Kriminologe im Königreich Bayern, nimmt sich des Falles an. Schnell glaubt er, die Lösung zu kennen: Kaspar ist der Thronfolger eines deutschen Fürstenhauses. Noch als Baby wurde er mit einem todkranken Kind vertauscht, um einem anderen Erben seinen Platz zu sichern. Alle Spuren scheinen ins Großherzogtum Baden zu führen.

Denn dort ist im September 1812, also zu der Zeit, als auch Kaspar geboren wurde, ein Erbprinz zur Welt gekommen. Er wurde aber keine vier Wochen alt, bevor er starb. Sein Vater, Großherzog Carl, bleibt ohne Erben. Stattdessen besteigen die Kinder der Gräfin von Hochberg den badischen Thron. Hat die Gräfin dafür gesorgt, dass Kaspar, der wahre Erbe, verschwindet? Bis heute verweigert das Haus Baden den Zutritt zu seinen Archiven. Dabei könnte hier der Schlüssel zu Kaspar Hausers Herkunft liegen. Die Forscher versuchen stattdessen, diesem Rätsel durch die Untersuchung von Erbgut (DNA) auf die Spur zu kommen. Denn es gibt tatsächlich noch Spuren der DNA Hausers – nach 172 Jahren! (Zum Thema DNA siehe S. 101)

Ein Versuch, Hausers Herkunft anhand der Blutreste an seiner Hose zu klären, hat nicht ganz funktioniert: Die Flecken sind anscheinend immer wieder mit Ochsenblut aufgefrischt worden. Doch die Experten haben Kaspars Hut genauer untersucht und tatsächlich einige Haare gefunden – genug für einen neuen Test.

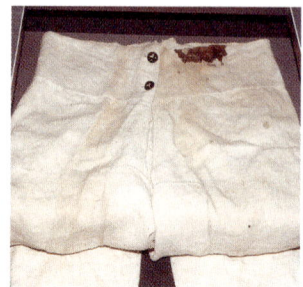

Die Unterhose von Kaspar Hauser. Das Blut darauf stammt aber nicht von ihm.

Es wurde immer wieder mit Ochsenblut aufgefrischt.

Gemeine Überfälle auf Kaspar Hauser

Die Forscher verglichen das Erbgut Kaspars mit dem von noch lebenden Personen aus dem badischen Fürstenhaus. Das Ergebnis: Die DNA ist so ähnlich, dass Hauser aller Wahrscheinlichkeit nach wirklich ein Erbprinz ist!

So ließen sich auch die Anschläge auf das Leben des „Findelkinds" besser erklären. Am 17. Oktober des Jahres 1829 versucht ein vermummter Unbekannter, Kaspar mit einem Fleischermesser umzubringen, streift aber nur die Stirn des Jungen. Ein weiterer Mordversuch, dem Kaspar unbeschadet entkommt, passiert am 3. April 1830.

Doch am 17. Dezember 1833, fünf Jahre nach seinem plötzlichen Auftauchen, stirbt Kaspar Hauser an den Folgen eines Überfalls. Wenige Tage zuvor hatte ihn ein Unbekannter im Hofgarten von Ansbach niedergestochen. Der gemeine Trick, mit dem der Mörder Kaspar in den Park gelockt hat: Er gab vor, ihm endlich zu erzählen, wer seine Mutter war!

In diesem Kerker im Schloss Pilsach wurde Kaspar Hauser vermutlich jahrelang gefangen gehalten.

Kaspar Hauser wurde keine 21 Jahre alt.
Bis heute gibt es viele unbeantwortete Fragen zu seinem Leben und Sterben. Eine Szene aus dem Film „Jeder für sich und Gott gegen alle" von Werner Herzog.

Eugène François Vidocq war zu seinen Lebzeiten als „König der Ausbrecher" bekannt. Immer wieder wurde er gefangen, immer wieder konnte er aus dem Gefängnis entfliehen. Hier eine Filmszene aus „François Vidocq".

Der Detektiv aus der Unterwelt

Der Franzose Eugène François Vidocq kam aus der Welt des Verbrechens – und er eröffnete das erste Detektivbüro der Welt.

6. Oktober 1831: Diesen Tag sollte der Direktor der staatlichen Münzsammlung in Paris nicht vergessen. Als er das Portal zu seinem Museum aufschließt, trifft ihn fast der Schlag. Alle Vitrinen sind aufgebrochen, die Gold- und Silbermünzen gestohlen.

Die Polizei steht vor einem großen Rätsel. Denn nur hoch gestellte Persönlichkeiten haben Zutritt zu der kostbaren Sammlung. Als der Bürgerkönig Louis Philippe (1773–1850) über den dreisten Raub informiert wird, ruft er nur: „Holt Vidocq".

Der König der Ausbrecher

Der damals 56-jährige Eugène François Vidocq hat ein aufregendes Leben hinter sich. 1775 in der nordfranzösischen Kleinstadt Arras geboren, geriet der Sohn eines Bäckers bereits mit 14 Jahren in die Gesellschaft gefährlicher Verbrecher. Einer dieser zweifelhaften Freunde überredete den Jungen, die Kasse des eigenen Vaters zu klauen. Auf der Flucht tauchte Vidocq unter, legte sich einen falschen Namen zu und ging zur Armee. Doch schon bald wurde er entdeckt und landete erstmals im Gefängnis. Die Karriere als Verbrecher schien vorgezeichnet. Zwar unternahm Vidocq immer wieder Versuche, ein ehrbarer Bürger zu werden. Vergeblich. Er konnte es nicht lassen, „krumme Dinger" zu drehen, wurde von der Polizei gesucht und landete immer im Gefängnis.

Und immer wieder gelang ihm die Flucht. Bald war er als „Ausbrecherkönig" berühmt. Selbst 1796, als er zu acht Jahren Zwangsarbeit verurteilt und in Ketten gelegt wurde, konnte er die Wachen überlisten. Er trank eine Mixtur aus Tabak, Kalk und Blei. Halb tot wurde er in die Krankenstation gebracht. Von dort aus flüchtete Vidocq bei Nacht über die Dächer.

1809 nutzte Vidocq die einzige Chance, dem Teufelskreis aus Flucht und Verhaftung zu entkommen: Er bot der Polizei seine Kenntnisse an, die er in der Unterwelt gesammelt hatte. Er wurde zu einem wichtigen Informanten

„Den Teufel mit dem Beelzebub austreiben." So lautet ein altes Sprichwort und dieser Auffassung folgte König Louis Philippe, als er den Verbrecher Vidocq mit der Polizeiarbeit betraute.

Vidocq kann auch als „Erfinder" des Einsatzes von Spitzeln bei der Polizei bezeichnet werden. Die so genannten V-Männer und V-Frauen (Verbindungs-Männer und Verbindungs-Frauen) sind Mitarbeiter der Polizei, die sich im kriminellen Milieu auskennen oder aus diesem Milieu kommen und Informationen an die Polizei geben.

Bandit, Polizist und Detektiv: Eugène François Vidocq führte ein wechselvolles Leben zwischen Legalität und Illegalität.

im Kampf gegen das Verbrechen. Bereits zwei Jahre später war er Chef der Sicherheitspolizei „Brigade de la Sûreté". Mit neuen Methoden fing die Spezialeinheit viele Verbrecher. Vidocq legte als erster eine Verbrecherkartei an, ermittelte verdeckt in der Unterwelt und sicherte Spuren. Seine Erfolge lösten vor allem unter seinen Polizeikollegen Neid aus. 1827 verließ Vidocq die „Sûreté", weil er genug hatte von den vielen Auseinandersetzungen mit seinen Widersachern.

Doch jetzt, am 6. Oktober 1831, wird sein Scharfsinn wieder gebraucht. Als Vidocq den Tatort in der Münzsammlung untersucht, ist ihm sofort klar: Das ist die Handschrift von Etienne Fossard! Etienne Fossard, der „König der Diebe". Doch wie war er in die Sammlung eingedrungen?

Der Vater der Kriminalistik

Auf der Besucherliste des Museums stößt Vidocq auf den Namen der Vicomtesse Delphine de Nays-Candau. Scheinbar selbstlos kümmert sich die Vicomtesse in den Gefängnissen um die Inhaftierten und deren Freilassung. Man munkelt, dass sie sich diese Dienste teuer bezahlen lässt. Ihr Diener – ein ehemaliger Dieb – ist Vidocq bekannt. Dieser muss beim Besuch der Sammlung einen Abdruck vom Schlüssel gemacht haben.

Vidocq lässt die Vicomtesse beobachten. Sie führt ihn zu Fossard. Bevor die Vicomtesse und Fossard nach England flüchten können, gehen sie in die Falle.

Vidocqs Flucht aus Ketten. So stellte sie ein Zeichner 1910 für das Buch „Die wahren Abenteuer des Sträflings und Polizisten" dar.

Aber auch diesmal hält es Vidocq nicht bei der Polizei. Er ist jetzt so bekannt, dass er ein eigenes Ermittlungsbüro, das erste Detektivbüro der Welt, eröffnen kann. Sogar die englische Polizei holt bei ihm Rat, als sie Scotland Yard nach dem Vorbild der „Sûreté" neu organisiert. Die Engländer geben Vidocq auch den ehrenvollen Namen „Vater der Kriminalistik". Mit 82 Jahren starb der erfolgreiche Detektiv, der aus der Unterwelt kam, wohlhabend und als angesehener Bürger.

1832 eröffnete Eugène François Vidocq das erste Detektivbüro der Welt: In der Rue Cloche-Perce 12 in Paris. Er nannte es „Bureau des Renseignements". Viele reiche Geschäftsleute und Bürger wandten sich an sein „Auskunftsbüro".

Singende Spione im Mittelalter

Hab'n das ganze Schloss gesehen, könnten andren viel erzählen, 's kommt jetzt nur drauf an, was ihr uns wollt geben...

Die Minnesänger des Mittelalters trugen ihre Gedichte in Melodieform an den europäischen Höfen vor. Sie wanderten von Burg zu Burg und unterhielten Europas Adel. Einige lauschten den Gesprächen der Adligen und erzählten die Neuigkeiten woanders weiter. Manche Minnesänger waren singende Spione im wahrsten Sinne des Wortes.

Kennst du ...?

... den ersten Mörder der Menschheitsgeschichte? Laut Altem Testament ist Kain der erste Mörder. Denn Kain tötet seinen Bruder Abel aus Wut und Eifersucht.

Todesstrafe für Faule?

Zu allen Zeiten wurden Verbrecher bestraft. Im 7. Jh. v. Chr. reformierte Drakon, ein Athener Gesetzgeber, die damaligen Bestimmungen. Die „drakonische" Gesetzgebung galt als sehr grausam. So wurde zum Beispiel Faulheit mit dem Tod bestraft. Im alten Griechenland konnte es also gefährlich sein, seine Hausaufgaben nicht zu machen. Na, heute schon etwas für die Schule getan?

Habt ihr eure Hausaufgaben gemacht?

Klar!

Am Pranger

Im Mittelalter wurden Verbrecher auf einem Karren durch die Stadt gezogen und an den Pranger gestellt. Manche Schaulustige warfen mit Steinen nach der Person, die am Pranger stand. Dabei bestand die größte Strafe in der Schande, die eine öffentliche Zurschaustellung bedeutete. Ein „normales" Weiterleben war kaum mehr möglich.

Heute 11 Uhr
AUSSTELLUNG
am Markt

Bist du nicht mehr in der Zunft?

Nee – die haben mir gekündigt!

Du Schlitzohr!

Im Mittelalter trugen Handwerker, die einer Zunft angehörten, als Zeichen ihrer Zugehörigkeit einen Ohrring. Machten sie sich eines Verbrechens schuldig oder verstießen sie gegen den Ehrenkodex, schloss man sie aus der Zunft aus. Und es wurde ihnen der Ohrring aus dem Ohrläppchen gerissen. Nun wussten alle: Dieser Mann ist nicht vertrauenswürdig, ein Schlitzohr eben!

„We never sleep"

Mit diesem Werbespruch wurde die Detektei von Allan Pinkerton zu einer der erfolgreichsten Detekteien der Welt. Pinkerton wanderte von Schottland in die USA aus und gründete dort 1850 „The Pinkerton National Detective Agency". Der englische Begriff „private eye" (deutsch: Privatdetektiv) hat seinen Ursprung in Pinkertons Firmenlogo, einem offenen Auge mit der Unterschrift „Wir schlafen nie". Berühmt machte ihn die Vereitelung eines geplanten Mordanschlags auf den amerikanischen Präsidenten Abraham Lincoln.

open 0-24

private eye

Yakuza: Mafia auf Japanisch

Mitglieder der japanischen Mafia tragen Nadel-
streifenanzüge und Sonnenbrillen. Ihre Körper sind
tätowiert. Aus den Fängen eines Mafia-Clans gibt es
fast kein Entkommen. Eine Reportage über einen
japanischen Mafioso, der zum Missionar wurde.

UNERHÖRT

Hiroyuki Suzuki ist heute Pfarrer. Er hat lange als Yakuza gelebt. Das erkennst du an den Tätowierungen und den zwei fehlenden Fingerglieder.

„Im Leben hat jeder eine zweite Chance, das weiß ich heute. Mein Leben war ein Trümmerhaufen. Ich lag buchstäblich am Boden." Das sagt Hiroyuki Suzuki, der heute Pfarrer einer protestantischen Freikirche in der Nähe von Tokio ist. „Jesus Christus hat mir die Kraft gegeben neu anzufangen – trotz aller Sünden", erzählt Hiroyuki Suzuki. Er war 17 Jahre Mitglied der berüchtigten Yakuza, Japans Mafia. Seine „Aufgaben" als Mafioso: Schutzgeld erpressen, mit Drogen handeln und sich mit feindlichen Banden prügeln. Eines seiner Opfer lag drei Tage im Koma. Nur durch Glück, sagt er, habe er niemanden umgebracht. Und er saß, wie viele Yakuza, mehrere Jahre im Gefängnis. Die Mafia hat große Macht in Japan. Sie kontrolliert die Unterwelt und hat beste Kontakte nach ganz oben. Der Aussteiger Hiroyuki Suzuki hat auf der Seite der dunklen Macht gelebt, sich aber für den „Glauben an Gott" entschieden.

Vom Peiniger zum Prediger

Wie kam es zu diesem Wandel vom Peiniger zum Prediger? „Irgendwann hatte ich zu viele Schulden und zu viele Feinde. Selbst Mitglieder aus meiner Gang wollten mich umbringen", erklärt Hiroyuki Suzuki. Frau und Kind hatte er lange schon verlassen, Freunde waren ihm kaum noch geblieben. Der letzte Ausweg, den er damals sah: Er flüchtet nach Tokio. Er lebt wochenlang im Untergrund. Suzuki erzählt: „Ich habe meine Frau um Hilfe angefleht. Sie ist Christin. So kam ich in eine Kirche. Ich betete vor einem Kreuz und erzählte dem Priester meine Geschichte. Und er sagte: Du kannst noch einmal von vorne anfangen."

Prostitution, Drogen, Geldspiele

Hiroyuki Suzuki war Mitglied des in Osaka noch immer mächtigen Sakaume-Gumi-Syndikats. Im Rotlichtviertel „Minami" in Osaka kontrollieren die Yakuza-Banden fast alles: Prostitution, Karten- und Würfelspiele und den Drogenhandel. Sie erpressen Schutzgelder. Millionen Yen wandern so jeden Tag über die Tische. „In unserem Büro warteten wir", erzählt Suzuki, „bis der Befehl vom Boss kam. Dann fuhren wir gemeinsam los, zum Beispiel zum Geld eintreiben oder zu Schlägereien. Anschließend tranken und spielten wir bis zum frühen Morgen. Das alles war mein Leben."

Suzukis Hände zeigen seine Vergangenheit. Wenn er betet, sieht man, dass zwei Fingerkuppen fehlen. Die Finger hat er sich einst selbst abgeschnitten. Den ersten, weil er die Frau seines Bosses nicht respektvoll genug behandelt hatte. Den zweiten wegen Spielschulden. Yakuza bestrafen sich so vor ihrem Boss, wenn sie Fehler gemacht haben. Ein grausamer Treueschwur, der die Rückkehr in ein normales Leben in Japan fast unmöglich macht. Suzuki sagt: „Wenn ich mich zum Beispiel in der U-Bahn festhalte, sind die Finger auf Augenhöhe der anderen Fahrgäste. Dann erschrecken sie sich sofort. Das wird sich auch nie

Macht ein Yakuza einen Fehler, hat er nur eine Möglichkeit diesen wieder gutzumachen: Er muss sich ein Fingerglied abschneiden. Dieses grausame „Ritual" stammt aus der Zeit der Samurai.

Die Samurai waren Krieger im vorindustriellen Japan.

ändern. Menschen, die mich nicht kennen, werden in mir immer nur den Yakuza sehen." Seine Tätowierung ist ebenso ein Erkennungszeichen der gefürchteten Mafia-Mitglieder.

Predigen mit Yakuza-Händen

In seiner Kirchengemeinde kennen alle seine dramatische Wandlung vom Mafioso zum Missionar. Pfarrer

Hiroyuki Suzuki ist heute Präsident einer Stiftung, die Kriminellen die Rückkehr in die Gesellschaft ermöglicht. Durch Bücher und Vortragsreisen ist Pfarrer Suzuki bekannt geworden. Er geht regelmäßig in die Gefängnisse: Um Häftlingen Hoffnung zu geben. Und: Er ist Ansprechpartner für Verzweifelte in allen Lebenslagen. Zum Beispiel für Eiji und Yoshito, zwei Ex-Yakuza. Für beide ist Pfarrer Suzuki die letzte und einzige Hoffnung. Sie haben bei ihm Unterschlupf

Übersetzt ist Ya-Ku-Za die Zahlenreihe: 8-9-3. Im japanischen Kartenspiel Hanafuda ist dies das schlechteste, also ein nutzloses, Blatt. So sehen sich auch die Yakuza selbst, als die „Wertlosen" der Gesellschaft. Und so sieht die japanische Gesellschaft auch die Yakuza: als „Nutzlose".

Vom Mafioso zum Missionar. Hiroyuki Suzuki lebte 17 Jahre als Yakuza in der Unterwelt von Osaka. Als er keinen Ausweg mehr sah, floh er nach Tokio und wurde Pfarrer einer protestantischen Freikirche.

gefunden, leben in einem Zimmer neben der Kirche. Yoshito wird von seiner Gang immer noch gesucht. Er hat 20 Kilo zugenommen, um nicht von seinen „Ex-Kollegen" erkannt zu werden.

Auf ewig gebrandmarkt

Auch nach dem Ausstieg werden die Yakuza in Japan ausgegrenzt. Hier setzt Hiroyukis Hilfe an. Er vermittelt „Ehemalige" an Firmen, die Ex-Kriminellen eine Chance geben. Für die Ex-Yakuza der erste Schritt in ein normales Leben.

Der eigenen Vergangenheit kann und will Hiroyuki nicht entfliehen – das predigt er immer wieder. Die körperlichen Zeichen aus seiner Zeit als Mafioso, die Tätowierungen und die fehlenden Fingerkuppen, werden sein Leben lang bleiben. Aber sie sind auch Zeichen, um anderen zu zeigen: Es gibt die Chance, noch einmal neu anzufangen.

Und so funktioniert die japanische Mafia: Der Yakuza-Boss ist der „Vater" seiner Untergebenen, seiner „Kinder". Er fordert bedingungslosen Gehorsam. Yakuza sind deshalb auch „unkündbar". Das heißt aber auch, dass sie ihrem „Boss-Vater" ein Leben lang „dienen" müssen.

15 Jahre ist es her, seit er aus Osaka und vor seinem Yakuza-Clan geflohen ist. Er war kürzlich wieder einmal in Minami/Osaka, wo er früher sein Yakuza-Leben gelebt hat. Ganz sicher kann er sich dort bis heute nicht fühlen.

Al Capone und seine Gang. Im Film „The Untouchables" mit Robert de Niro.

Al Capone: König der Gangster

Vor diesem Mann zitterte ganz Chicago. Und nicht nur dort, sondern in den gesamten USA war er berüchtigt. Al Capone, der mächtige Bandenchef, war schon zu seinen Lebzeiten eine Legende ...

Chicago, 14. Februar 1929. Es ist Valentinstag, der Tag für Verliebte und all jene, die ihre Freunde mit einer kleinen Aufmerksamkeit beschenken wollen. Ein Mann namens Al Capone hat sich etwas ganz Besonderes ausgedacht – allerdings nicht für seine Freunde, sondern für seine Feinde, die Moran-Bande. Die Bande bekommt „Besuch" von der Polizei. In den Uniformen stecken jedoch keine Gesetzeshüter, sondern Al Capones Leute. Es wird ein furchtbarer, ein sehr blutiger Valentinstag.

Denn 150 Kugeln strecken sechs Mitglieder der Bande nieder. Das Gemetzel geht als „St.-Valentinstag-Massaker" in die Kriminalgeschichte ein und gilt als Al Capones berüchtigtste Tat.

Al Capone selbst wäscht wie immer seine Hände in Unschuld. Gelassen erklärt er: „Mit Ausnahme des großen Brandes von Chicago hat man mir schon alles Mögliche in die Schuhe geschoben." Während des Überfalls hält er sich in Kalifornien auf; man kann ihm nichts nachweisen.

Wer ist dieser Mann, der schon zu Lebzeiten als „der" Mafiaboss gilt? Der das gesamte organisierte Verbrechen in Chicago kontrolliert und der Polizei immer und immer wieder entkommt?

Alphonse Gabriel Capone wird am 17. Januar 1899 in New York geboren. Seine Eltern sind italienische Einwanderer aus Neapel. Der kleine Alphonse wird nur „Al" genannt. Al geht acht Jahre lang zur Schule. Nach der Schulzeit arbeitet er als Verkäufer, in einer Munitionsfabrik, in einer Buchbinderei, als Rausschmeißer in einer Bar. Kaum jemand ahnt, dass Al nebenbei noch ein anderes Leben führt: Er ist Mitglied der Jugendbande „Fourty Thieves Juniors", die den New Yorker Stadtteil Manhattan unsicher macht.

Die Ausbildung zum Gangster

Dann beschließt der junge Al, dass sich eine gründliche Gangster-Ausbildung lohnt, und zwar bei Frankie Yale, einem bekannten Verbrecher. Al ist zu diesem Zeitpunkt gerade 15 Jahre alt. Auf dem Stundenplan stehen Schutzgeld-Erpressung, Geldverleih zu Wucherzinsen, Umgang mit Waffen und brutales Auftreten. Al ist ein guter Schüler. Das bekommt ein Mitglied einer anderen Gang, der „White Hands", zu spüren. Der Mann, der Al Capone wegen seiner italienischen Herkunft beschimpft, landet schwer verletzt im Krankenhaus. Dabei hat Al Capone nur seine Fäuste eingesetzt …

Der Boden in New York wird zu heiß für ihn. Der Chef der „White Hands" persönlich will sich an ihm rächen. Jetzt heißt es: Koffer packen. Al schlüpft in Chicago bei Bandenchef Johnny Torrio unter.

Wie New York wird auch Chicago von verschiedenen Banden kontrolliert. Es gibt genug „Verdienstmöglichkeiten" für alle, denn die Stadt ist ein Paradies für Erpressung, illegales Glücksspiel und Alkoholschmuggel. In dieses Geschäft steigt Al Capone ganz groß ein. „Ich kann die Verhältnisse schließlich nicht ändern", sagt er. „Ich nehme sie hin ohne wegzusehen." Er arbeitet sich hoch. Bald ist Capone einer der mächtigsten Männer Chicagos, und er kennt keine Gnade: Wer ihn hintergeht, wird kaltblütig ermordet.

Vernarbt:
Seit einer Messerstecherei in seiner Jugend trug Al Capone tiefe Narben im Gesicht. Ihnen verdankte er den Spitznamen „Scarface", Narbengesicht.

Treu:
Al Capone war ein treu sorgender Familienvater. 1918 heiratete er die Irin Mary Coughlin, mit der er einen gemeinsamen Sohn hatte, Albert Francis „Sonny".

Auch Gangster müssen mal entspannen: Robert de Niro als Al Capone im Film „The Untouchables" (Die Unbestechlichen).

Liebenswerter Feind

Doch der hart gesottene Bandenchef hat zugleich noch ein anderes Gesicht, und das fasziniert die Öffentlichkeit weit mehr als alle Verbrechen, die man ihm zuschreibt: Er ist liebenswürdig und intelligent. Für seine Freunde setzt er sich bedingungslos ein; dafür verlangt er Ehrlichkeit und Treue. Angst kennt er nicht, vor der Presse erklärt er: „Wer glaubt, er könne mich töten, der soll es ruhig versuchen. Man weiß, wo ich zu finden bin. Und wenn jemand Frieden will, bin ich bereit zuzuhören."

Schon bald reißen sich die Zeitungen darum, Al zu interviewen. Das

„Scarface" Al Capone. **Ein Porträt des echten Narbengesichtes.**

ist etwas völlig Neues: Während die meisten Gangster ein Leben im Verborgenen führen, tritt Capone an die Öffentlichkeit. Er ist freundlich, witzig, unterhaltsam – und er führt die Polizei an der Nase herum, ihm ist nichts nachzuweisen. Bis auf ein einziges Mal. Das Vergehen, für das der berüchtigte Gangsterboss schließlich vor Gericht gebracht wird, heißt: Steuerhinterziehung! Am 24. Oktober 1931 wird Al Capone dafür zu elf Jahren Gefängnis verurteilt.

Doch Al Capone schafft es auch hinter Gittern, seine Geschäfte zu verfolgen. Nach drei Jahren hat er einen solchen Einfluss auf die Mithäftlinge, dass die Behörden ihn verlegen: auf die berüchtigte Gefängnisinsel Alcatraz vor der Küste von San Francisco. Nach fünf Jahren wird Al Capone wegen guter Führung entlassen.

Al Capones große Zeit aber ist vorbei. Er ist ein kranker Mann. So stirbt am 25. Januar 1947 der berühmteste Gangster aller Zeiten – nicht durch eine Gewehrkugel, sondern an einer Lungenentzündung.

Populär:
Ab 1920 wurde Alkohol in den USA verboten, angeblich weil er Verbrechen aller Art begünstigte. Es war die Zeit der Prohibition (englisch für „Verbot"). Doch viele Bürger wollten auf Whiskey, Bier und Wein nicht verzichten. Al Capones Ansehen stieg in der Öffentlichkeit, weil er den verbotenen Alkohol herbeischaffte.

Fair:
Am 20. September 1926 überlebte Al Capone nur knapp einen Mordanschlag in einem Café. Dafür wurden zwei Unschuldige verletzt. Capone sorgte dafür, dass sie versorgt wurden, und bezahlte die Krankenhausrechnungen.

„Beliebt":
1929 in einer Hotel-Lobby: Dort warteten Gäste und Journalisten gespannt auf den frisch gewählten Präsidenten Herbert C. Hoover. Doch als Al Capone die Lobby betrat, wandten sich alle sofort ihm zu und ließen den Präsidenten stehen.

Dieser Kunstdieb (Szene nachgestellt) „wählt" sorgfältig ein Bild aus ...

Die Kunst der Diebe

Der Diebstahl von Antiquitäten und Gemälden lohnt sich. Wertvolle Kunstwerke sind deshalb nirgends sicher.

Sie kommen am liebsten in der Nacht. Knips – werden Kabel durchtrennt und die Alarmanlage außer Gefecht gesetzt. Knack – öffnet sich das Türschloss. Vorsichtig prüfen sie, ob der Wächter seine Runde beendet hat – und schon sind die Kunsträuber im Museum. Jetzt müssen sie sich nur noch bedienen. Blitzschnell schneiden sie die kostbarsten Gemälde aus den Rahmen. Dass sie dabei so manches Bild beschädigen und enormen Schaden anrichten, stört die Ganoven nicht.

Denn die meisten Kunsträuber sind keine Kunstliebhaber. Sie interessiert nur das Geld, das ihnen reiche Sammler zahlen. Die verstecken dann die geraubten Schätze in ihren Kellern und Tresoren, weil sie es der übrigen Welt nicht gönnen, ein Meisterwerk zu betrachten. Poster oder Kunstdrucke reichen ihnen schon lange nicht mehr als Wandschmuck. Das Original muss her! Und das bleibt dann im schlimmsten Fall für immer verschwunden.

Erpressung gehört dazu

Eine andere Masche der Diebe: Sie entwenden ein Meisterwerk und bieten es dem bestohlenen Museum dreist zum Rückkauf an! Manchmal übernimmt dann die Versicherung die Summe, denn die Erpresser fordern natürlich immer etwas weniger, als die Versicherung an das bestohlene Museum zahlen müsste. Genug ist es trotzdem: Fünf- bis sechsstellige Lösegeldbeträge können schon drin sein. Die Gewinne der Verbrecher sind mittlerweile so hoch, dass Kunstdiebstahl heute zusammen mit Rauschgift- und Waffenhandel zu den einträglichsten Geschäften in der Verbrecherwelt zählt. Aber die Diebe schlagen nicht nur in den großen Museen dieser Welt zu. Opfer werden auch private Sammler und sogar Kirchen. Weltweit werden jedes Jahr etwa 45 000 Kunstwerke gestohlen. Im Jahr 2004 wurden allein in der Bundesrepublik Deutschland 1997 Kunstwerke gestohlen, so das Bundeskriminalamt (BKA). Aufgeklärt wurden nur 468 – also nicht einmal ein Viertel.

zerschnitt die meisten Bilder und warf wertvolle Pokale und Skulpturen in einen Fluss.

Raub aus dem Gefängnis

Wie vom Erdboden verschluckt ist bis heute ein Werk von Salvador Dalí, das der spanische Künstler 1965 dem New Yorker Gefängnis (!) „Rikers Island" geschenkt hatte. Doch selbst im abgeschlossenen Kasten, in dem es ausgestellt war, hinter hohen Knastmauern, mit zahllosen Schlössern und unter den Augen vieler Wächter war es nicht sicher genug. Wie die Diebe es jedoch schafften, das teure Kunstwerk (rund 525 000 Euro) im März 2003 gegen eine billige Kopie

... steckt es schnell in seinen Mantel ...

Diebstahl von 239 Kunstwerken!

Über sieben Jahre hinweg hat der Elsässer Stéphane Breitwieser am helllichten Tag 239 Kunstwerke aus europäischen Museen gestohlen. Er hat die Kunst einfach unter den Mantel gesteckt und ist aus den Museen spaziert. Er ist ein „Meister seines Faches". Geschätzter Wert der gestohlenen Kunst: weit über eine Milliarde Euro! Breitwieser wurde eher zufällig im November 2001 in einem Schweizer Museum geschnappt, als er ein Jagdhorn stehlen wollte. Für die Fahnder ein dicker Fisch, aber kein Grund zur Freude.

Denn es gab noch eine gewiefte Komplizin: Breitwiesers Mutter. Sie vernichtete die Beweisstücke: Sie

... und verschwindet in Richtung Ausgang ... Der Dieb kann jetzt nur hoffen, dass ihm kein Detektiv auf den Fersen ist.

auszutauschen, ist bis heute unklar. Fest steht nur eines: Sie müssen Helfer unter dem Gefängnispersonal gehabt haben!

Kunstdieben auf der Spur

Die Liste der spektakulären Kunstdiebstähle lässt sich beliebig fortsetzen. Aber längst nicht alle sind erfolgreich. Dafür sorgen Männer wie der Engländer Charles Hill, der derzeit bekannteste Kunstdetektiv. Der ehemalige Scotland Yard-Polizist, von dem keine Fotos existieren, arbeitete erst im Auftrag einer Versicherung, bevor er sich mit einer eigenen Detektei selbstständig machte.

Der 56-Jährige will vor allem die gestohlenen Kunstwerke wiederhaben. Anders als die Polizei zahlt er auch schon mal ein Lösegeld. Zum Beispiel 150 000 Euro für ein Gemälde von Tizian, das daraufhin in einer Einkaufstasche verpackt an einer Bushaltestelle auftauchte. Um auf die Spur vermisster Meisterwerke zu kommen, arbeitet Charles Hill auch mit ehemaligen Dieben zusammen. Denn die haben oft die besten Tipps ...

Die Taktik der Fahnder

Das Bundeskriminalamt (BKA) und einige Landeskriminalämter (LKA) haben speziell ausgebildete Fahnder, die gestohlene Kunstwerke aufspüren. Kein leichter Job, denn auch die Diebe arbeiten höchst professionell. Die Spezialisten durchforsten sorgfältig Kataloge von Auktionshäusern und Anzeigen in Zeitungen. Ausgerüstet mit Laptop und Digitalkamera besuchen die Fahnder auch Messen und Antiquitätenläden. Und sie haben Kontaktmänner in der Szene.

Alle als gestohlen gemeldeten Kunstwerke werden in großen Datenbanken gespeichert. Das Bundeskriminalamt hat 50 000 Objekte verzeichnet. Aber die Fahnder kämpfen mit einem großen Problem: Viele kleine Museen melden Diebstähle nicht, weil sie dann mehr an die Versicherung zahlen müssten. Diese Kunstwerke verschwinden auf Nimmerwiedersehen.

1911 stahl Vincenzo Perugia als Putzmann verkleidet die „Mona Lisa" aus dem Pariser Louvre – mitten am Tag. Er wollte das Bild nach Italien „zurückholen". Dort hatte es Leonardo da Vinci von 1503 bis 1505 gemalt. Erst zwei Jahre nach dem Diebstahl tauchte die „Mona Lisa" wieder auf. Das berühmteste Lächeln der Welt ist heute wieder im Louvre zu bewundern ...

... der Dieb will jetzt viel Geld für „sein" Bild. Jährlich verschwinden weltweit Kunstgegenstände im Wert von 10 Millionen Dollar.

Berühmte Schurken

Ist es gerecht, dass jemand berühmt wird, weil er stiehlt, mordet oder betrügt? Nein, eigentlich nicht. Doch trösten wir uns: Kein Schurke kann seinen Ruhm richtig genießen. Stets ist er vor der Polizei oder der Konkurrenz auf der Flucht. Und am Ende wartet meist das Gefängnis auf ihn oder ein gewaltsamer Tod. Und doch: Verbrecher faszinieren uns. Warum? Mit ihrer Geldgier, Grausamkeit und ihren Gräueltaten lassen sie uns in die dunkelsten Ecken der menschlichen Seele blicken. Auch wenn manche Gangsterkarriere aufregend erscheint: Verbrechen zahlen sich bestimmt nicht aus!

Billy the Kid

Only the good die young? Nur die Guten sterben früh? Diese bekannte Songzeile von Billy Joel stimmt nicht immer. Bei Billy the Kid (1859–1881) zum Beispiel. Er wurde im Alter von 21 Jahren von einem Sheriff erschossen. Denn Billy the Kid war alles andere als gut. Ihm wurden in seinem kurzen Leben 21 Morde („einen für jedes Jahr") angelastet. Wahrscheinlich hat er acht tatsächlich begangen, nachgewiesen wurden ihm vier.

Er ist einer der bekanntesten „Westernhelden". Über sein Leben wurden zahlreiche Filme gedreht.

John Dillinger

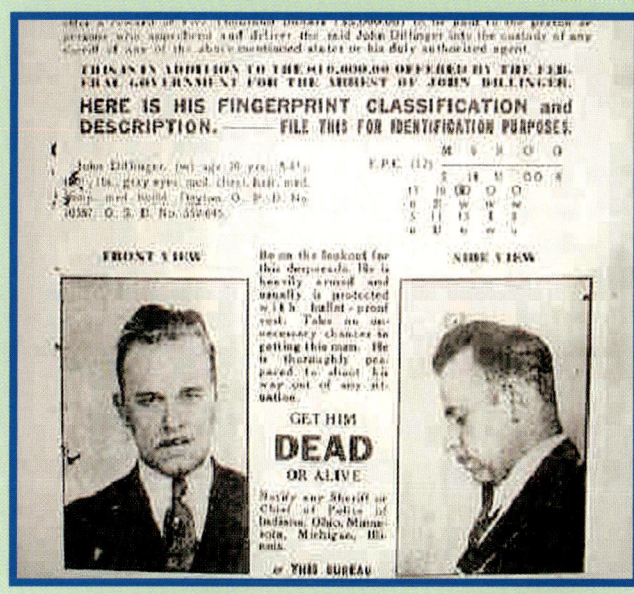

„Staatsfeind Nr. 1!" diesen „Titel" verlieh das Federal Bureau of Investigation (FBI) John Dillinger (1903 – 1934) als erstem Verbrecher in der Geschichte der USA. Und das FBI setzte das bis dahin höchste Kopfgeld aller Zeiten auf ihn aus: 25 000 US-Dollar. Warum? Banküberfälle und Ausbrüche waren seine Spezialität. Er entkam aus einem vermeintlich „ausbruchsicheren" Gefängnis mithilfe einer Holzpistole, die er mit Schuhcreme schwarz beschmiert hatte.

Über das Leben und Sterben von John Dillinger wurden mehrere Filme gedreht (z.B. „Staatsfeind Nr. 1").

Graf Dracula

Vlad III. Draculea war ein tyrannischer Fürst, der von 1431 bis 1477 in Siebenbürgen im heutigen Rumänien lebte. Er war ein grausamer Herrscher. Zigtausend Menschen ließ er auf Holzpfähle spießen, weshalb er auch „Tepes", der Pfähler, genannt wurde. Wegen seiner Blutrünstigkeit kerkerten ihn seine Feinde 1462 für 15 Jahre ein. 1477 wurde er im Kampf erschlagen.

Der englische Schriftsteller Bram Stoker nahm Vlad III. zum Vorbild, als er seinen „Dracula" schuf.

Jack the Ripper

Er schnitt 1888 in London fünf Frauen die Kehle durch. Wegen seiner Art zu morden, wurde er „Jack the Ripper" (Jack, der Schlitzer) genannt. Mehr als 200 Personen verdächtigte man der blutigen Taten. Beschuldigt wurden ein Arzt, weil der Mörder medizinische Kenntnisse haben musste, ein Jurist, der im gleichen Jahr, als die Mordserie aufhörte, Selbstmord beging, und ein geisteskranker Prinz. Der Täter wurde aber nie gefasst.

Mehr als 250 Bücher sind über Jack the Ripper geschrieben worden.

Geldwäsche

Geld stinkt nicht, heißt es. Warum wird dann aber „Geld gewaschen"? Betrüger, die illegal an Geld gekommen sind, wollen dieses „schmutzige" Geld „waschen": Sie schleusen es in den normalen Wirtschaftskreislauf ein. Zum Beispiel durch mehrfache Banküberweisung zwischen Firmen, die nicht existieren (Briefkastenfirmen) oder durch den Geldeinsatz in Spielbanken.

Chancengleichheit!

In Dänemark haben Polizisten Angst, Verbrechern kräftemäßig unterlegen zu sein. Sie werden bei der Büroarbeit immer schlapper, während die Ganoven im Gefängnis eifrig ihre Muskeln stählen. Jetzt soll es Chancengleichheit geben: Hinter Gittern sind Hanteln über 50 kg verboten. Und Fitnessberater bringen die schlappen Polizisten auf Trab.

Ausbrecherpech!

Ein Gefangener des Northeye-Gefängnis in England floh in einem Lieferwagen, der die Gefängnisküche mit Gemüse belieferte. Nach langer Fahrt schlich sich der Ausbrecher aus dem Fahrzeug und fand sich in der nahe gelegenen Haftanstalt in Lewes wieder. Dumm gefahren!

Mode aus dem Gefängnis!

Mode gefertigt von „schweren Jungs"? Gibt's nicht? Gibt's doch! Im Internet (www.haeftling.de) kannst du Hemden, Jacken und Schuhe, die von Gefangenen gefertigt wurden, bestellen. Und das Beste: Die Jailwear (Jail engl. für Gefängnis, wear engl. Mode) ist vergleichsweise günstig und geeignet für drinnen und draußen!

Mafia größer als Fiat

Die italienische Mafia macht doppelt so viel Umsatz wie der Fiat-Konzern. Das behauptet ein italienischer Jurist. Die wichtigsten Geschäftszweige von Cosa Nostra, Camorra & Co.: Schutzgelderpressung, Drogenhandel und Einnahmen aus Prostitution und Waffenhandel.

(Fast) kein Entkommen

Das bekannteste Gefängnis der Welt heißt Alcatraz. Es liegt in der San Fransisco Bay in den USA. Zwischen 1934 und 1963 „lebten" insgesamt 1576 Gefangene auf Alcatraz, darunter Berühmtheiten wie Al Capone. Alcatraz ist deshalb so berüchtigt, weil aufgrund der strengen Bewachung und der gefährlichen Strömung nur drei Häftlinge entkommen konnten. 1963 wurde das Gefängnis geschlossen. Heute ist das ehemalige Zuchthaus eine Touristenattraktion.

Berufswunsch: Agent beim Geheimdienst

Was gehört zum Alltag eines Agenten? Jeden Tag eine wilde Verfolgungsjagd auf einem schnellen Motorrad? Von wegen! Natürlich ist auch Mut und Sportlichkeit gefragt, aber ohne Köpfchen geht beim Geheimdienst gar nichts.

UNERSCHROCKEN

Welcher zukünftige
Agent träumt nicht
davon, mit dem
Motorrad auf
Verbrecherjagd zu
gehen?

Stell dir Folgendes vor: Es ist kurz vor zehn Uhr morgens und die Sonne brennt schon auf die chinesische Hafenstadt Macao herunter. Du sitzt im ersten Stock eines kleinen Eckcafés. In der Hand einen Becher Oolong-Tee. „Oolong" bedeutet „Schwarzer Drache". Der Mann, den du beobachtest, wird genauso genannt. Vom Fenster des Cafés hast du einen guten Blick auf seine Luxus-Villa. Ein langer, schwarzer Wagen mit getönten Scheiben fährt vor. Vier Typen verschwinden im Hauseingang: Dunkle Anzüge, Sonnenbrillen, zurückgegelte Haare. Wenn du nur wüsstest, was jetzt besprochen wird!

Immer schön hinschauen

So oder ähnlich könnte es dir ergehen, wenn du später beim Geheimdienst arbeitest. In Deutschland ist der Bundesnachrichtendienst (BND) für die Auslandsaufklärung zuständig. Aufklärung heißt, dass die Beamten Informationen sammeln, welche die Sicherheit der Bundesrepublik Deutschland und ihrer Bürger betreffen. Der BND kümmert sich um das Ausland. Zwei andere Geheimdienste halten Augen und Ohren im Inland offen. Um an Informationen heranzukommen, bedient sich der BND verschiedener Mittel: Er lässt Radio- und Fernsehprogramme auf wichtige Meldungen durchforsten, Satellitenbilder auswerten und Teile des E-Mail-Verkehrs verfolgen. Nicht zu vergessen die so genannte „HUMINT" (Operative Aufklärung). HUMINT steht für „Human Intelligence" und bezeichnet die klassische Spionage mit menschlichen Kundschaftern.

In der Fremde zu Hause

Beim Bundesnachrichtendienst gibt es acht Abteilungen, die sich mit unterschiedlichen Aufgaben beschäftigen. Zuverlässige, sorgfältige Personen sind in „Abteilung 1 – Operative Aufklärung" gefragt. Sie sollten spontan in verschiedene Richtungen denken können. Wenn sich irgendwo auf dem Planeten die politische Situation zuspitzt, müssen sie die Ereignisse genauestens beobachten. Zum Beispiel könnte eine Gruppe von unzurechnungsfähigen Rebellen in einem Land der früheren Sowjetunion die Macht ergreifen. Besitzt dieses Land zusätzlich noch ein paar Raketen, ist die Panik bei den Nachbarländern vorprogrammiert. Wenn „Abteilung 1" gut aufgepasst hat, schlägt der BND rechtzeitig Alarm, sodass die Bundesregierung etwas unternehmen kann.

Knobelspaß und Knobelstress

Für Rätselfreunde könnte „Abteilung 2 – Technische Beschaffung" interessant sein. Es gibt Gruppierungen, die großes Interesse daran haben, dass ihre Nachrichten nicht von Unbefugten gelesen werden. Mit einem Code wird die ursprüngliche Botschaft verschlüsselt. Das nennt sich „Kryptographie" und ist eine Wissenschaft, die sich mit der Verschleierung von Informationen beschäftigt. Um Einblick zu erhalten, braucht der BND Spezialisten, die diese Nachrichten entschlüsseln können.

Italienische Mafia, Triaden & Co.

Organisierte Kriminalität und internationaler Terrorismus sind die Gebiete, auf die sich die „Abteilung 5" spezialisiert hat. Wenn eine Verbrecherbande sich eine verästelte Struktur vom Boss bis zum Laufburschen zugelegt hat, kann von organisierter Kriminalität gesprochen werden. Es gibt Länder, in denen Gangsterbanden gute Beziehungen zu mächtigen Firmen und Politikern haben. Diese Verbindungen aufzudecken ist eine der Aufgaben des Geheimdienstes.

Berühmte Verbrecherkartelle sind die Cosa Nostra in den USA, die italienische Mafia, die Yakuza in Japan (siehe Seite 24–29) und die Triaden in China.

Die Central Intelligence Agency (CIA) ist der Auslandsgeheimdienst der USA. Die CIA beschafft Informationen über ausländische Regierungen, Organisationen und Personen. Für diese Informationen interessiert sich die Regierung der USA.

Beim Geheimdienst: Auch Computerarbeit ist Teil des Agentenlebens. So analysieren Angestellte des Bundesnachrichtendienstes (BND) Artikel, die in ausländischen Medien erscheinen.

Top Secret! – Streng geheim!

Wie sich ein Geheimdienstler auf Mission benimmt und was in der Zentrale auf ihn wartet, lernt ein Auszubildender beim Bundesnachrichtendienst innerhalb von zwei bis drei Jahren. Über die genauen Angaben seiner Angestellten erzählt der BND in der Öffentlichkeit natürlich lieber nichts. Das ist ja auch verständlich. Schließlich könnten sich Gauner und Ganoven sonst prima über die Arbeitsmethoden des Geheimdienstes kundig machen und bei ihren Übeltaten darauf einstellen.

Trotzdem erfährst du unter der folgenden Adresse mehr über die Arbeit des Bundesnachrichtendienstes: www.bnd.de (Offizielle Website des Bundesnachrichtendienstes.) In der Rubrik „Jobs und Karriere" kannst du dich über deine Zukunft als Agent oder Agentin informieren.

In Großbritannien „spioniert" der „Secret Service" (MI5 und MI6). Für Frankreich ermitteln die „Direction générale de la sécurité extérieure" (DGSE) im Ausland und die „Direction de la surveillance du territoire" im Inland.

Der KGB (Komitee für Staatssicherheit) war von 1954 bis 1991 in der Sowjetunion für die Spionage im In- und Ausland zuständig. Der russische Geheimdienst heißt FSB (Föderaler Sicherheitsdienst).

Von wegen Verschlusssache: Der BND geht mit einem Shop an die Öffentlichkeit.

Der Briefbomber
Franz Fuchs, der vier Menschen tötete, wurde von einem Profiler überführt. Hier eine Szene aus dem Film „Der Briefbomber".

Profiler: In der Haut des Mörders

Was treibt einen Verbrecher zu seiner Tat? Was für ein Mensch ist er? Nach den Antworten auf diese Fragen suchen Spezialisten der Polizei mit einer besonderen Ausbildung: Profiler.

Schon wieder hat der Täter zugeschlagen. Heimtückisch und aus dem Hinterhalt. Seine Methode: Er verschickt harmlos aussehende Briefe und Pakete an seine Opfer. Doch beim Öffnen explodieren sie. Die ermittelnden Beamten, allesamt erfahrene Polizisten, sind ratlos. Jetzt muss ein anderer Profi ran, um den Briefbomber zu überführen: Ein Profiler, ein Fallanalytiker.

Der Ruf geht an Thomas Müller. Er gilt als einer der besten in diesem Beruf. Seine Ausbildung hat er direkt beim FBI (Federal Bureau of Investigation) erhalten, der berühmten US-Bundespolizei. Was aber machen Profiler?

„Die Charakterbeschreibung einer unbekannten Person erstellen", sagt Thomas Müller. Profiler erarbeiten ein Täterprofil. Sie wollen herausfinden, um was für einen Menschen es sich handelt. Je genauer das Bild des Täters wird, desto leichter ist er zu finden.

Diese kriminalpsychologische Arbeit wurde in den siebziger Jahren beim FBI entwickelt. Denn die

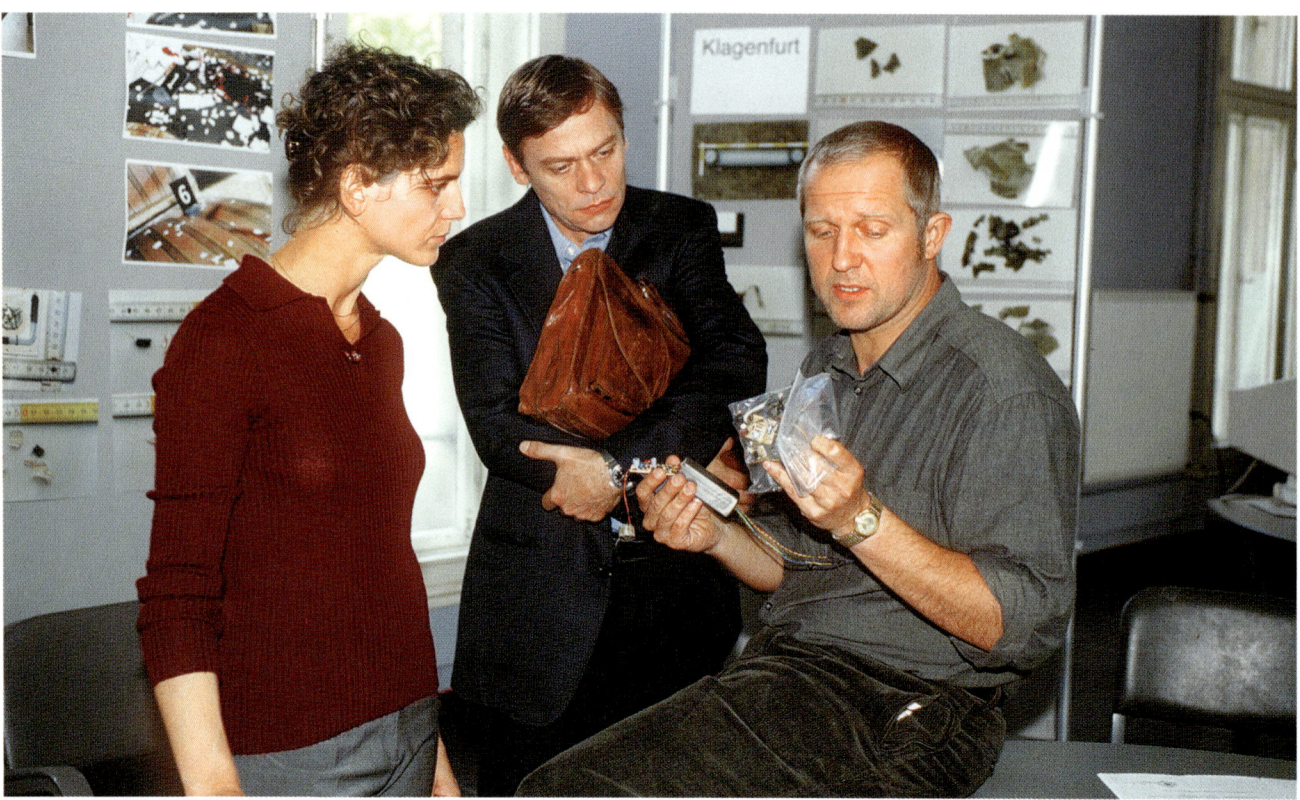

Profiler erstellen Täterprofile. Die Tägigkeit heißt Profiling. Hier eine Szene aus dem Film „Der Briefbomber". Die beiden Profiler (links und Mitte) mit einem Sprengstoffexperten.

Spezialisten hegten schon seit längerer Zeit einen bestimmten Verdacht: Gab es möglicherweise einen Zusammenhang zwischen dem Bild des Tatorts und der Persönlichkeit des Täters?

Man begann zahllose Serientäter zu interviewen und alle möglichen Daten über den Tatort und den Hergang des Verbrechens zu sammeln. Und tatsächlich zeigte sich in vielen Fällen ein Muster! So entstand eine erste kleine Datenbank für Profiler.

Auch heute besteht ein Großteil der Profiler-Arbeit im Fragenstellen und fast alle Fragen beginnen mit „Warum": Warum hat sich der Täter dieses Opfer ausgesucht? Warum diesen Tatort? Warum hat er das spezielle Tatwerkzeug benutzt?

Die Puzzlearbeit der Profiler

Profiling ist eine sehr anstrengende Arbeit, für die die Profis viel Geduld brauchen. Denn zunächst müssen alle vorhandenen Unterlagen ausgewertet werden. Die ermittelnden Beamten haben schon eine Menge zusammengetragen, zum Beispiel wie der Tatort aussah, welche Spuren die Spurensicherung gefunden hat, was Arzt und Gerichtsmediziner über die Verletzungen des Opfers sagen können. Die Profiler suchen unter all diesen Spuren nach Anhaltspunkten, von denen sich Rückschlüsse auf die Persönlichkeit des Täters ziehen lassen. Hat er zum Beispiel die Tatwaffe am Tatort

Wie wird man Profiler? Voraussetzungen: langjährige Berufserfahrung als Kriminalbeamter; Menschenkenntnis, psychologisches Gespür, Teamgeist, gute Allgemeinbildung. Dann folgt die Weiterbildung in entsprechenden Kursen des Bundeskriminalamtes zum Fallanalytiker.

zurückgelassen? Das spricht dafür, dass er unter Stress stand. Oder hat er einen herumliegenden Knüppel benutzt? Dann war das Verbrechen vielleicht nicht geplant. Hat er sein Opfer aufgebahrt, mit Blumen bedeckt? Sehr wahrscheinlich bereut ein solcher Täter seine Tat und würde sie gerne rückgängig machen; da das nicht geht, versucht er dem Ganzen einen würdigen Abschluss zu verleihen, wie bei einer echten Beerdigung.

Geduldig nähern sich die Täteranalytiker dem Verbrecher. Sie schlüpfen förmlich in seine Haut, um ihn zu verstehen. Das kann allerdings sehr belastend sein. Oftmals tut sich dabei der Blick in menschliche Abgründe auf.

So haben sich Millionen Kinozuschauer mit Jodie Foster gegruselt, als sie in „Das Schweigen der Lämmer" einen Kannibalen zu überführen versuchte. Zwar „nur" ein Film, aber er machte die Arbeit der Profiler fast über Nacht in aller Welt bekannt.

Menschliche Abgründe

Der Fall des Briefbombers ist nicht so unheimlich, aber immer noch schlimm genug. Vier Tote gehen bereits auf das Konto des Attentäters, 13 Menschen sind schwer verletzt. Die Zeit drängt, bald könnte er erneut zuschlagen!

Der Profiler Thomas Müller findet eine Spur. Bei der Untersuchung der Bomben bemerkt er, dass alle Batterien immer genau gleich ausgerichtet sind – und zwar so, dass die Beschriftung exakt auf einer Höhe liegt. Thomas Müller erkennt

darin zwanghaftes Verhalten. Zwanghafte Menschen haben Probleme, rasche Entscheidungen zu treffen. Unerwartete Ereignisse überfordern sie. Deshalb lassen sie sich leicht unter Druck setzen.

Das tut Thomas Müller nun ganz gezielt. Er erstellt ein Täterprofil und verbreitet über die Medien, dass es im ganzen Land nur zehn Menschen gibt, auf die dieses Profil zutrifft. Außerdem wird mit Rasterfahndung gedroht. Der Täter soll das Gefühl bekommen, dass sich die Schlinge zuzieht. Und tatsächlich verliert er die Nerven. Bei einer harmlosen Verkehrskontrolle! Der Mann, der sich schließlich als Briefbomber verrät, ist Franz Fuchs. Weil er überzeugt ist, in der Falle zu sitzen, versucht er sich selbst in die Luft zu sprengen. Die Beamten können das verhindern und verhaften ihn. Er wird zu lebenslanger Haft verurteilt. Franz Fuchs erhängt sich im Februar 2000 in seiner Zelle.

Thomas Müller ist Profiler. Er überführte den Briefbomber Franz Fuchs.

Wenn Stefanie Milbrodt auf Streife geht, hat sie immer Pistole, Handschellen und Funkgerät dabei.

Dienstlich in die Diskothek

Die Polizistin Stefanie Milbrodt ist jugendlichen Gewalttätern auf der Spur. Meist arbeitet sie dabei unauffällig in Zivil, die Uniform bleibt im Schrank.

Die Schulparty ist in vollem Gange: Die Musik ist klasse, fast alle tanzen. Aber hinten, in einer dunklen Ecke, stehen schon die ganze Zeit diese seltsamen Typen. Mindestens neunte oder zehnte Klasse. Dauernd stecken sie die Köpfe zusammen und gucken grimmig in die Gegend. Und dann rempeln sie einen Fünftklässler an, der sich nur eine Cola holen wollte ...

Das ist der Moment, in dem Stefanie Milbrodt aktiv wird. Stefanie Milbrodt ist Polizistin. Polizeiobermeisterin, um genau zu sein. Aber in ihren Privatklamotten ist die blonde junge Frau noch gar nicht aufgefallen. Bis jetzt. Energisch trennt sie die Streithähne von dem Fünftklässler und bringt sie nach draußen. Für die ist die Party gelaufen.

Eine Polizistin bei einer Schulfeier? Für Stefanie Milbrodt ist das Berufsalltag. Die 25-Jährige arbeitet bei der Freiburger Polizei als Jugendsachbearbeiterin. Da darf sie schon mal dienstlich in die Disko und dort nach dem Rechten sehen. „Aber natürlich nicht ständig", erzählt sie lachend, „die meiste Zeit sitze ich im Büro."

Doch auch dort wird es oft genug spannend. Zum Beispiel, wenn sie junge Opfer einer Schlägerei als Zeugen befragt. Wenn das Opfer die Schläger nicht kennt, bestellt Stefanie Mibrodt bei der Kriminalpolizei Fotos aus der Verbrecher-Kartei. Dort werden auch Jugendliche erfasst, wenn sie öfter Straftaten begehen. Mit Foto, Fingerabdrücken und Speichelprobe. Und das hat auch Stefanie Milbrodt schon ein paar Mal geholfen, Übeltätern auf die Spur zu kommen.

Den Schlägern auf der Spur

Aber „schwere Jungs" muss die Polizeiobermeisterin nicht so oft verhören. Wesentlich häufiger werden Ladendiebe zu ihr gebracht. Denn auch, wer das erste Mal erwischt wird, muss aufs Revier kommen. „Oft reicht es schon, wenn der Ladendieb im Streifenwagen zu mir gebracht wird", sagt Stefanie Milbrodt. Nach dieser Aufregung überlegt es sich jeder zweimal, ob er noch einmal etwas mitgehen lässt. Wer öfter klaut, muss aber mit härteren Strafen rechnen. Die Langfinger müssen vor Gericht. Und sie werden verurteilt: Meist müssen sie einige Stunden für einen guten Zweck arbeiten.

Tanzen ohne Krawallmacher und Störenfriede. Dafür sorgen Stefanie Milbrodt und ihre Kollegen.

Mit der Pistole im Anschlag

Die Arbeit mit Jugendlichen macht Stefanie Milbrodt mehr Spaß, als im Streifenwagen unterwegs zu sein. Denn dort ist man oft nachts auf Tour. „Gerade am Wochenende laufen viele Betrunkene herum und es gibt Schlägereien", sagt die

Im Kofferraum eines Streifenwagens ist alles, was die Beamten brauchen: Blinklichter, Fotoapparat und ein „Polizei"-Schild.

junge Polizistin – auch für erfahrene Beamte kann es da gefährlich werden. Und dieses Gefühl kennt Stefanie Milbrodt: Während ihrer Ausbildung musste sie einmal ihre Pistole ziehen. „Da wird einem ganz mulmig", erinnert sie sich.

Damals hat sie mit ihren Kollegen einen Mann verfolgt, der mit einer Pistole bewaffnet war. Als die Polizisten ihn gestellt hatten, gab er ohne Widerstand auf. Und Stefanie Milbrodt ist froh, dass sie bisher nur bei den regelmäßigen Schießübungen abdrücken musste.

Die Pistole hat sie trotzdem bei all ihren Einsätzen immer dabei. Genauso wie die Handschellen und das Funkgerät. Das ist Vorschrift. Und dauernd am Schreibtisch sitzen ist auch nicht ihr Ding. Wenn sie auf Streife geht, besucht sie zum Beispiel Streetball-Plätze und spricht dort mit den Jugendlichen. „Die können mich dann alles Mögliche fragen. Aber auch ich erfahre ab und zu etwas Wichtiges", so Stefanie Milbrodt über ihre Ermittlungsmethoden.

Zu Fuß auf Streife

Auf Streife geht die junge Polizistin übrigens fast immer zu Fuß. Auch wenn die Fahrt zum Einsatz im Streifenwagen schon etwas Besonderes ist. Vor allem mit Blaulicht und Martinshorn.

„Obwohl einem alle anderen Autos Platz machen, traut man sich am Anfang gar nichts." Bei ihrer ersten Fahrt wollte Stefanie Milbrodt bei jeder roten Ampel anhalten. „Es ist ja schließlich auch gefährlich", sagt sie schmunzelnd.

Am Schreibtisch verbringt Stefanie Milbrodt viel Zeit. Telefon und Diktiergerät sind ihre wichtigsten Hilfsmittel.

Bevor Stefanie Milbrodt als „richtige" Polizistin arbeiten durfte, musste auch sie viel lernen und die Schulbank drücken. Gerade mal 17 Jahre alt war sie, als die Grundausbildung begann.

Und es ist eine ganze Menge, was angehende Polizisten lernen müssen: Selbstverteidigung, Schießen und natürlich Griffe, mit denen einem kein Verdächtiger entkommt. Aber meistens geht es zu wie in einer ganz normalen Schule. Denn neben Recht und Computerkursen müssen die Polizeischüler auch Deutsch und Fremdsprachen pauken.

Aber jetzt darf Stefanie Milbrodt auch selbst unterrichten. Wenn ein Lehrer sie einlädt, geht sie in die Schule und hält Unterricht zum Thema „Gewalt an der Schule". Und die Klassen, die Stefanie Milbrodt schon einmal zugehört haben, machen bei der nächsten Schulparty bestimmt keinen Ärger …

So sieht es in einem Streifenwagen aus: Mit dem großen Telefon in der Mitte können die Polizisten funken.

Die Ermittler mit der kalten Schnauze

Kein Drogenversteck ist vor ihnen sicher, ihre Zähne machen Schläger zahm: Polizeihunde sind Spezialisten für heikle Einsätze.

Kurz nach zwei Uhr in der Nacht geht der Alarm los: Einbruch im Einkaufscenter in Freiburg-Nord! Wenige Minuten später ist die Polizei vor Ort. Mit dabei: zwei Hundeführer mit ihren Tieren. Hat sich der Einbrecher in der Lagerhalle versteckt?

Ganz klar: Ein Fall für die Polizeidiensthunde. Sofort werden sie losgeschickt. Leise, aber zielstrebig suchen sie die Halle ab, schnuppern in jede Ecke – und plötzlich ein kurzes Bellen. Sie finden den Einbrecher hinter einem großen Stapel Kisten. „Ohne die Hunde bräuchten wir 15 bis 20 Beamte, um einen großen Einkaufsmarkt zu durchsuchen", sagt Polizeihauptkommissar Wolfgang Kunkler. Und das würde lange dauern.

Ortswechsel: Umkirch bei Freiburg im Breisgau. Hier, versteckt hinter der Direktion der Autobahnpolizei, hat die Freiburger Diensthundeführerstaffel ihre Zentrale. Abwechselnd warten insgesamt 19 Hund-Polizisten-Teams rund um die Uhr auf den Einsatzbefehl. „Bei jedem Alarm sind wir dabei", erklärt der Chef, Erster Polizeihauptkommissar Klaus Dräger. Und ein Alarm bedeutet, dass es gefährlich werden kann.

Die Hundeführer und ihre Hunde werden zum Beispiel bei Schlägereien angefordert. Dabei könnten auch die Polizisten verletzt werden. Doch die Täter geben meist schon auf, wenn sie die beeindruckenden Tiere nur sehen. „Die Hunde wirken so abschreckend, dass in sehr vielen Fällen der Einsatz sofort beendet ist", sagt Dräger nicht ohne Stolz. Nur wenn die Lage dann immer noch nicht unter Kontrolle ist, packt der Hund zu. Aber natürlich erst auf Befehl. Denn absoluter Gehorsam gegenüber „seinem" Polizisten ist für

den Hund Pflicht. Trainiert wird jeden Tag. Die Hunde üben zum Beispiel das „Verbellen" eines Täters. Das heißt, sie werden auf ihn losgelassen, dürfen dann aber nicht zubeißen. Wenn sie den Übeltäter in eine Ecke getrieben haben, stellen sie sich vor ihm auf und schüchtern ihn so lange mit ihrem Gebell ein, bis ihm ein Polizist Handschellen angelegt hat.

Spezialisten unter den Polizeihunden sind die Rauschgift- und Sprengstoffspürhunde. Sie finden oft Dinge, die Ganoven sicher versteckt glaubten. Dabei suchen sie

Deutsche Schäferhunde (siehe Bild auf Seite 56), Riesenschnauzer (oben) und Rottweiler (unten) werden zu Polizeihunden ausgebildet. Voraussetzungen: ausgeprägtes Triebverhalten, beeindruckendes Aussehen, Selbstvertrauen, sollten bei Lärm nicht erschrecken.

Einschüchtern erlaubt, beißen verboten! Dies gilt, wenn die Lektion „Verbellen" auf dem Stundenplan steht.

eigentlich nur nach ihrem Spielzeug! Wieso? Ganz einfach: Schon ganz am Anfang ihrer Ausbildung bekommen die Tiere ein Spielzeug, das mit kleinen Mengen Drogen oder Sprengstoff präpariert ist. Immer, wenn sie dann zum Beispiel ein Auto durchsuchen müssen, tut ihr Führer so, als ob er das Spielzeug dort verstecken würde – und die Hunde suchen nach dem vertrauten Geruch. Die Spezialisten mit der kalten Schnauze sind eigentlich „sehr verspielte Hunde", sagt Dienstgruppenführer Wolfgang Kunkler.

Übeltäter: Ohne Chance

Jack ist so ein verspieltes Tier. Sein Hundeführer, der Polizeihauptmeister Detlev Probst, hat an einer Halle eine Drogenprobe gut versteckt. Alles klappt wie am Schnürchen.

In weniger als einer Minute ist Jack fündig geworden und führt den Beamten zu den Drogen.

Ein ganz anderes Kaliber ist der Polizeihund Aky, ein ausgebildeter Schutzhund. Er zeigt, was in ihm steckt: Ein Polizist im Schutzanzug spielt den Verbrecher. Aky verbeißt sich sofort in seinen Arm, als er losgelassen wird. Vergeblich versucht der „Verbrecher", den Hund abzuschütteln. Akys Kraft ist so groß, dass er den Mann sogar zum Straucheln bringt. Ein echter Übeltäter hätte gegen ihn keine Chance. Erst auf Befehl lässt Aky ab.

Aber Aky weiß, dass er nicht „einfach so" zuschnappen darf. Darauf ist er trainiert. Und das ist wichtig, denn nach Dienstschluss geht er, wie jedes der Tiere, mit seinem Hundeführer nach Hause. Da ist dann auch ganz normales „Gassi gehen" angesagt. Erst beim nächsten Alarm darf Aky wieder zeigen, was er so alles im Polizeidienst gelernt hat.

Hilft das so genannte „Verbellen" nichts, weil der Verbrecher flüchten möchte, verbeißen sich die Hunde auf Befehl in die Gangster. In ihrer Ausbildung lernen sie jedoch, dass sie die Täter niemals schwerwiegend verletzen dürfen.

Polizeihunde müssen jedes Jahr eine Prüfung bestehen. Sie sind etwa sechs Jahre im Einsatz.

Finde die Droge! Rauschgifthunde, Spezialisten unter den Polizeihunden, werden auf alle bekannten Rauschmittel trainiert. Sie sind aber selbst nicht süchtig. Jack, der Polizeihund, findet die versteckte Droge.

Von Beruf: Detektiv

Echte Detektive bekommen wir selten zu Gesicht. Kaum jemand weiß etwas über die Frauen und Männer, die heimlich, still und leise ermitteln. Und das ist auch gut so. Denn Detektive müssen im Hintergrund bleiben.

Polizeidetektive

Noch heute werden in England, den USA und in anderen Ländern die Polizisten „Detectives" genannt. Dort also kann ein Detektiv auch ein Polizist sein. In Deutschland und in Österreich dagegen gibt es die Bezeichnung „Detektiv" bei der Polizei nicht. Wenn bei uns von Detektiven gesprochen wird, sind immer private Ermittler gemeint.

Das Wort Detektiv kommt von „detegere" (lateinisch) und bedeutet aufdecken und enthüllen.

Moderne Hilfsmittel

Detektive nutzen heute die sehr vielfältigen Möglichkeiten modernster Informationstechnologien: digitale Fotografie, Videoüberwachung, Telekommunikation und Internet helfen Detektiven, international und unter Nutzung großer Datenbanken Fälle aufzuklären.

Natürlich arbeiten Detektive auch noch weiterhin mit Lupe, Pinzette, Notizbuch und Karteikarten.

Als Detektiv im Einsatz

Ein Detektiv wird von einer Privatperson oder einem Unternehmen beauftragt, Informationen zu beschaffen: Zum Beispiel soll er eine vermisste Person ausfindig machen. Oder überprüfen, ob der Partner oder die Partnerin fremd geht. Detektive ermitteln aber auch häufig in der Wirtschaft. Hier lauten die Aufträge: Aufdeckung von Erpressung, Industriespionage, Diebstahl. Manche Detektive haben sich ein Spezialgebiet gesucht: als Kaufhausdetektiv, Hoteldetektiv oder als Personenschützer.

Detektive können selbstständig arbeiten oder angestellt sein, zum Beispiel in einem Kaufhaus.

Jeder kann sich Detektiv nennen

Jeder kann ein Gewerbe als privater Ermittler anmelden, und schon ist er Detektiv. Wer in den Bundesverband Deutscher Detektive (BDD) aufgenommen werden will, muss mindestens 24 Jahre, unbescholten und uneingeschränkt geschäftsfähig sein, zweieinhalb Jahre Erfahrung als selbstständiger Detektiv haben und eine Fortbildung beim BDD machen.

Die Ausbildung zum Detektiv ist bei uns nicht einheitlich geregelt.

Alles was Recht ist

Detektive haben anders als Polizisten keine besonderen Rechte. Sie müssen sich – wie alle – an das Gesetz halten. Aber: Wer angegriffen wird, darf sich wehren, notfalls auch mit Gewalt. Das nennt man Notwehr. Für Detektive ist es besonders wichtig, sich äußerst korrekt zu verhalten. Denn: Sie dürfen nicht einfach in ein Haus eindringen, Gespräche abhören oder Sachen beschädigen.

Detektive dürfen die Arbeit von Polizisten keinesfalls behindern oder gefährden.

Stummer Bankräuber

Ein Banküberfall in Ohio/USA: Der Bankräuber reicht einen handgeschriebenen Zettel an den Kassierer: „Dies ist ein Überfall – ich besitze eine Waffe". Der Kassierer liest, dann entreißt ihm der Bankräuber das Papier und schreibt: „Stecken Sie das Geld in eine Papiertüte!" Der Kassierer notiert unter des Bankräubers letzten Satz: „Ich habe keine Papiertüte." Dann gibt er den Zettel zurück. Worauf der schweigsame Bankräuber die Flucht ergreift.

Spione auf Kuba

Fidel Castro, kubanischer Staatschef, soll über 600 Anschläge von feindlichen Geheimagenten überlebt haben. Gerüchten zufolge überlebte er die ungewöhnlichsten Tötungsversuche: eine explodierende Zigarre, vergiftete Milch-Shakes und einen mit Nervengift bestäubten Taucheranzug.

Harte Strafe

In den USA musste ein Mann wegen Beamtenbeleidigung 1000 Dollar Strafe zahlen. Allerdings nicht, weil er sich mit einem Polizisten gestritten hatte. Er hatte einen Polizeihund angebellt. Vor Gericht erklärte der Angeklagte, er habe nur freundlich zurückgebellt.

Erstaunlich, aber wahr ...

Artikel 21 der hessischen Landesverfassung lautet: „Straftäter können bei besonders schweren Verbrechen mit dem Tode bestraft werden." Der Artikel 102 des Grundgesetzes lautet: „Die Todesstrafe ist abgeschafft." Da Bundesrecht vor Landesrecht geht, darf in Hessen zum Glück niemand hingerichtet werden.

Zum Protokoll, bitte!

Bei jeder Vernehmung und bei jeder Zeugenaussage führen Polizisten Protokolle. Der Verdächtige oder Zeuge muss das Protokoll unterschreiben, denn sonst ist es kein verwertbares Beweismittel.

Das Wort Protokoll kommt aus dem Griechischen und heißt „den amtlichen Papyrusrollen vorgeleimtes Blatt". Ursprünglich war es also eine Art Inhaltsverzeichnis oder Zusammenfassung.

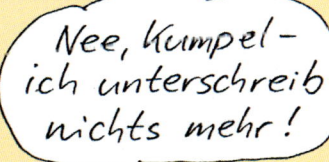

Eselsbrücken

Detektive brauchen ein gutes Gedächtnis. Denn bei ihrer Hauptbeschäftigung, der Observation, müssen sie sich in kurzer Zeit viele Sachverhalte merken. Steigt zum Beispiel die Person, die sie beobachten, in ein Auto, gilt es, sich Farbe, Marke und Autonummer zu merken. Am besten funktioniert das mit Eselsbrücken. Zum Beispiel kannst du dir die Reihenfolge der Windrichtungen Norden, Osten, Süden, Westen (im Uhrzeigersinn) merken, indem du dir eine Eselsbrücke baust: **N**ie **o**hne **S**eife **w**aschen!

Die Sonntags-Kommissarin

Immer wieder sonntags: Kurz vor halb neun. Ein Mord. Die TV-Kommissare und -Kommissarinnen des „Tatort" jagen den Täter. Diesmal ist Ulrike Folkerts alias Lena Odenthal den Verbrechern auf der Spur. Ein Besuch am Set.

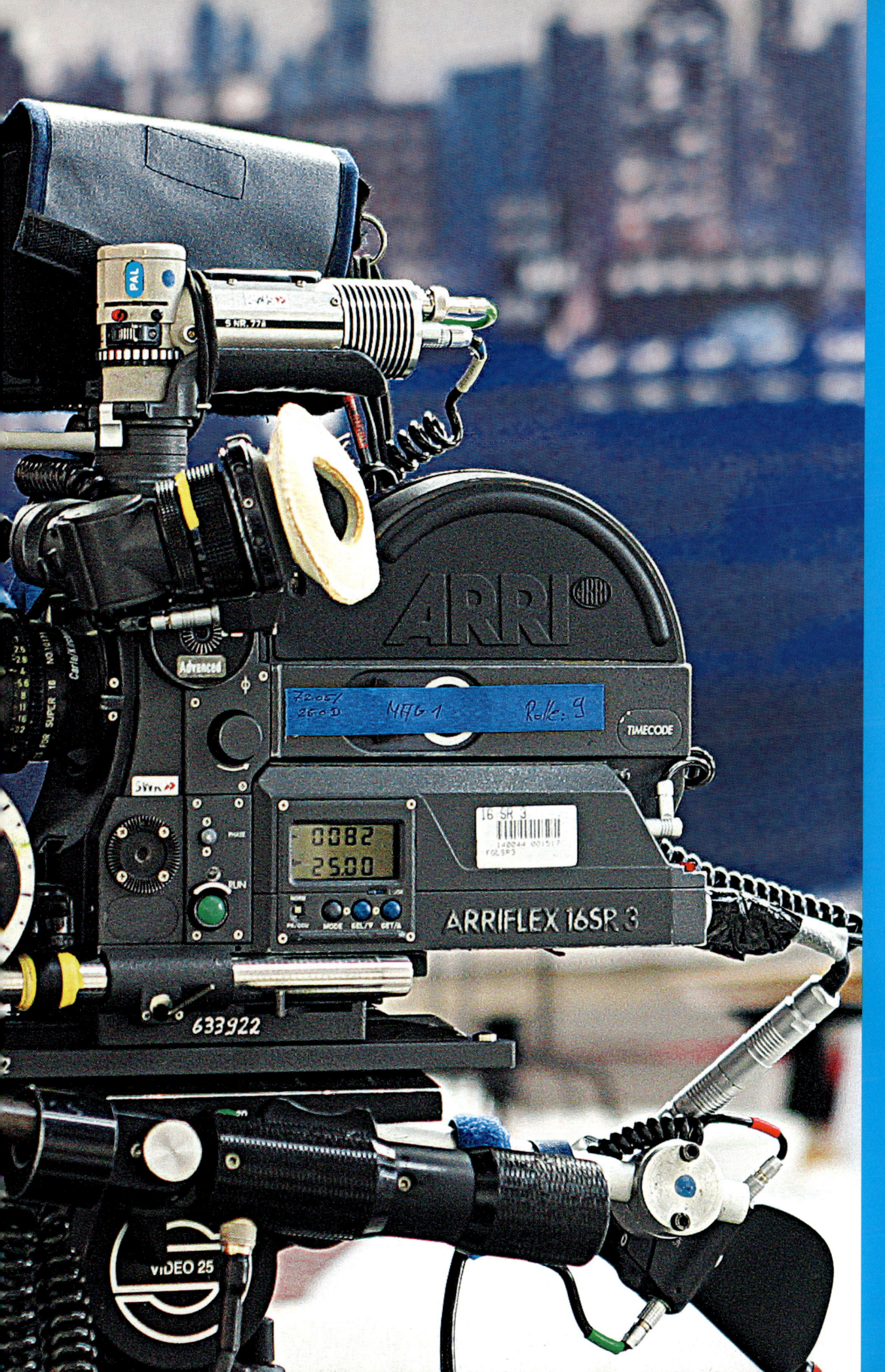

Lena Odenthal (Ulrike Folkerts) und Mario Kopper (Andreas Hoppe) in einer Drehpause.

Das Telefon klingelt. Die Kommissarin Lena Odenthal, greift zum Hörer: „Eine Leiche am Rheinufer", hört sie einen Kollegen sagen. „Ein Jogger ist über den Leichnam gestolpert." Lena Odenthal und ihr Kollege Mario Kopper fahren sofort los. Zum Tatort. Die Spurensicherung ist schon vor Ort. War es Mord? Oder Selbstmord? Ein Unfall?

Harte Arbeit am Tatort-Set

90 Minuten dauert so ein Krimi. Doch 60 Tage wird gedreht. Also gerade einmal 1,5 Minuten Sendezeit am Tag. Das Team aus Regisseur, Redakteurinnen, Kamerafrauen, Lichttechnikern, Szenenbildnern, Innen- und Außenrequisiteuren, Toningenieuren, Aufnahmeleitung sowie Schauspielerinnen und Schauspielern arbeitet bis zu zwölf Stunden am Tag. „Wir proben so lange, bis alles stimmt. Manchmal gibt es nur eine einzige ‚Klappe'. Manchmal brauchen wir 20 Versuche. Weil sich jemand verspricht, falsch steht oder eine Lampe ausfällt", so Ulrike Folkerts. Die Entscheidung, wann eine Szene im Kasten ist, trifft der Regisseur. Und bis so ein Tatort im Fernsehen läuft, vergeht noch mal fast ein Jahr.
Damit der Krimi authentisch – also glaubhaft – bei den Zuschauern ankommt, ist manchmal ein echter Kommissar am Set. „Nach wie vielen Aufforderungen dürfen wir eine Tür eintreten? Wann ziehe ich die Pistole? Auf welche Art und Weise findet ein Einsatz statt? Solche Fragen stellen wir an den ‚Kollegen' von der Mordkommission", sagt

Kameramann Jürgen Carle. Hoffentlich hat sich kein Fussel in die Linse verirrt. Sonst muss die Szene noch einmal gedreht werden.

Ulrike Folkerts mit der Tatort-Filmklappe.

Ulrike Folkerts ist Schauspielerin. Sie könnte sich nicht vorstellen, im „richtigen" Leben als Mordkommissarin zu arbeiten. „Nein! Ich bin viel zu sensibel", sagt sie. Urike Folkerts spielt seit 16 Jahren die „Tatort"-Kommissarin Lena Odenthal.

Ulrike Folkerts. Aber natürlich ist ein „Tatort" keine Abbildung der echten Polizeiarbeit. „Wir drehen schließlich keinen Dokumentarfilm. Die Zuschauer sollen mitfiebern, gefesselt sein, sollen in das Leben der Kommissare eintauchen und mitkriegen, wie sie ticken, was sie denken und wie sie einen Fall lösen. Und sich natürlich auch ein bisschen mit den Kommissaren identifizieren".

Sie weiß, dass die Realität der Kommissare oft ganz anders aussieht: Die schreiben viele Berichte, gründen für jeden Fall eine Einsatz-Gruppe, gehen mit 15 bis 20 Leuten los. Alleingänge, wie Lena Odenthal sie manchmal macht, sind in „echt" völlig undenkbar. „Trotzdem", sagt Ulrike Folkerts, „tut unsere Arbeit dem Image der Polizei gut." Warum? Die sympathischen, witzigen, skurrilen Fernsehkommissare und -kommissarinnen nehmen die Zuschauer für die Polizei ein. „Und so einen Typen wie meinen ,Kollegen' Mario Kopper würde man ja eher auf der Gegenseite vermuten, oder?", meint Ulrike Folkerts grinsend.

Kein Ketschup, keine Marmelade

Und wenn sie als Lena Odenthal vor einer „Leiche" steht, was fühlt sie dann? „Für einen Moment denke ich schon: Wenn das nun Wirklichkeit wäre? Aber in meiner Rolle als Kommissarin habe ich eine gewisse Abgeklärtheit. Ich bekomme das ja ziemlich oft zu sehen." Und sie weiß natürlich auch, dass dieser Mensch, der da „blutverschmiert" am Boden liegt, nicht wirklich tot ist. Und dass das „Blut" kein echtes Blut, auch kein Ketschup und schon gar keine Himbeermarmelade ist, sondern so genanntes Filmblut. Aber eines ist besonders hart: „Wir drehen in einem richtigen Gerichtsmedizinischen

„Klappt's?" Die Filmklappe ist ein wichtiges Hilfsmittel bei der Produktion eines Films.

Sie dient dazu, Bild und Ton im Schneideraum aufeinander abstimmen zu können.

Fahrt zur Vernehmung. Regisseur René Heisig (stehend) gibt Andreas Hoppe und Ulrike Folkerts (im Auto) Anweisungen.

Eine rollende Kamera ... Jürgen Carle ist startklar.

Institut. Hier werden auch echte Leichen obduziert, also geöffnet," sagt die Fernsehkommissarin Ulrike Folkerts.

„Whodunnit?" – Wer hat es getan?

So ein Fernsehkrimi folgt oft dem klassischen „Whodunnit"-Schema. Das ist die Kurzform von „Who has done it?" – auf Deutsch: Wer hat es getan? Und das geht so: Das Verbrechen, meistens ein Mord, ist zu Beginn des Films schon geschehen. Die Ermittler kommen an den Tatort. Die Polizei ermittelt in alle Richtungen. Und auf der Couch zu Hause raten die Zuschauer mit. Was für ein schauriges Vergnügen, wenn die Zuschauer dem Verbrecher schneller auf der Spur sind als die Kommissare.

Und zu jedem Krimi gehört natürlich auch Action. Für wilde Verfolgungsjagden mit dem Auto oder einen Sprung von der Brücke hat Ulrike Folkerts eine Stuntfrau. Aber: Schlägereien, die macht sie selbst. Sie trainiert diese Szenen dann mit dem Stuntkoordinator.

Und wie viel Privatleben hat so eine Fernsehkommissarin? Nicht viel! Sie hat ihren Kater Mikesch. Und ihren Kollegen Mario Kopper, der gleichzeitig ihr Mitbewohner ist. Der leiht sich zur Freude der Zuschauer schon einmal Lena Odenthals Handschellen aus, um sich ans Bett zu fesseln. Warum? Weil er verhindern will, weiter schlafzuwandeln. Und sie hat eine Leidenschaft: das Joggen. Und die Hoffnung, nicht selbst irgendwann über eine Leiche zu stolpern. Apropos „Leiche"! Was ist eigentlich aus der

Teil der Ausbildung zur Fernsehkommissarin: Schießtraining. Ulrike Folkerts ist aber froh, wenn sie ohne Schusswaffe auskommt.

toten Person vom Flussufer geworden? Die Kolleginnen und Kollegen der Spurensicherung und der Gerichtsmedizin haben eindeutig festgestellt: Tod durch Fremdeinwirkung. Also Mord! Doch wer war der Täter? Nur so viel sei verraten: Lena Odenthal ist ihm auf der Spur ...

Im „Tatort" wird nicht scharf geschossen: Platzpatronen statt scharfer Munition. Aber: Auch Platzpatronen sind sehr laut. „Ohne Ohrstöpsel geht nichts", meint Ulrike Folkerts.

69

Sherlock Holmes und sein Kollege Watson sind den Verbrechern auf der Spur!

Mycrofts schlauer Bruder

Sein Bruder ist ein paar Jährchen älter.

Und viel dicker. Und ziemlich faul.

Und nicht ganz so schlau. Und er heißt

Mycroft. Mycroft Holmes. Alles klar?

Natürlich wissen echte Spürnasen jetzt, um wen es sich handelt: Sherlock Holmes, Privatdetektiv aus London. Seine Fälle versprechen bis heute Spannung ohne Ende. Nicht nur seine Fälle sind außergewöhnlich, sondern auch wie er „erfunden" wurde.

Es begann mit einem Arzt: Dr. Joseph Bell erkannte die Krankheiten seiner Patienten, ohne sie zu untersuchen oder auch nur mit ihnen zu reden. Er verließ sich einfach auf das, was er sah – und lag mit seiner Diagnose fast immer richtig! Was Dr. Joseph Bell nicht ahnte: Seine unglaublichen kombinatorischen Fähigkeiten faszinierten

einen seiner Studenten außerordentlich: Arthur Conan Doyle. Bell demonstrierte seinen Studenten zum Beispiel, wie er vom Auftritt eines Soldaten auf dessen Rang und Einsatzort schließen konnte: „Sie sind ein Soldat, ein Unteroffizier, um genau zu sein, und haben auf den westindischen Inseln gedient. Woher ich das weiß? Als Sie in den Raum kamen, haben Sie nicht den Hut gezogen, wie das aus Gründen der Höflichkeit ein Zivilist gemacht hätte. Ihr leicht autoritäres Gehabe und Ihr Alter legen die Vermutung nahe, dass sie den Rang eines Unteroffiziers haben. Im Übrigen zeigt der Hautausschlag auf Ihrer Stirn sehr deutlich, dass Sie auf den Westindies dienten, denn dieser seltene Ausschlag ist nur dort bekannt."

Die Erfindung der Romanfigur

Das klingt doch ganz nach dem berühmten Detektiv, oder? Genau, denn der schlaue Arzt inspirierte Doyle zu seiner weltberühmten Romanfigur Sherlock Holmes. In insgesamt 60 Geschichten und Romanen ermittelt der Meisterdetektiv. Unterstützt von seinem treuen Freund und Begleiter Dr. John H. Watson.

Getroffen haben sich die beiden eher zufällig. Details erzählt uns Doyle in „Eine Studie in Scharlachrot": Watson, gerade erst aus Indien zurückgekehrt, sucht in London nach einer preisgünstigen Wohnung. In einem Club erzählt er das einem Freund. Und der hat das gleiche Problem schon einmal gehört: von Sherlock Holmes. Was

also liegt näher, als dass sich die beiden eine Bleibe teilen? Sie gründen eine Wohngemeinschaft.

Niete oder Genie?

Watson muss sich erst noch an seinen ungewöhnlichen Mitbewohner gewöhnen. Schon in den ersten Tagen schreibt er für sich eine Liste mit Stärken und Schwächen, die er an Holmes entdeckt: „Kenntnis der Literatur – null, Kenntnisse in Geologie – brauchbar, aber begrenzt, Kenntnisse in Chemie – hervorragend, Kenntnisse von sensationellen Geschichten – immens", notiert er unter anderem.

Wer denkt denn dabei an ein Genie? Und doch schafft es Holmes immer wieder, mit scharfer Beobachtung und logischem Denken

Geburtstag:
6. Januar 1854
Merkmale:
Einzelgänger,
Frühaufsteher
Bester Freund und
Mitarbeiter:
Dr. John H. Watson
Größter Feind:
Professor James
Moriarty
Wohnung von etwa
1881 bis 1904:
Bakerstreet 221 B,
London
Verwandte:
ein älterer Bruder,
Mycroft Holmes

Briefmarken aus Ost-Timor in Südasien huldigen Holmes. Es hat sich aber ein Fehler eingeschlichen. Findest du ihn?

Zu Doyles Lebzeiten hat es die Adresse Bakerstreet 221 B nicht gegeben. Sie ist frei erfunden.

die kniffeligsten Fälle zu knacken. Anders als Watson lässt er sich nie in die Irre führen. Damit begeistert er immer mehr Menschen, die seine Fälle als Fortsetzungsgeschichten in der Zeitschrift „Strand Magazine" verfolgen.

Von den Toten auferstanden

Arthur Conan Doyle verdiente nicht schlecht an seinen Holmes-Geschichten. Aber nach sieben Jahren hatte er genug von seinem Detektiv: Im 25. Fall „Das letzte Problem" ließ er Holmes 1893 zusammen mit Todfeind Professor James Moriarty die Reichenbach-fälle in der Schweiz hinabstürzen. Beide sterben. Oder?

Nun ja, der Aufschrei unter den Anhängern des Meisterschnüfflers war so groß, dass Doyle nicht anders konnte, als Sherlock Holmes zurückkehren zu lassen. Er durfte für ihn weitere 35 Fälle lösen! Moriarty aber blieb verschollen.

Bis heute beschäftigt Holmes seine Fans auf der ganzen Welt. Sie haben rekonstruiert, wie seine Wohnung ausgesehen hat, herausgefunden, wann der Meisterdetektiv Geburtstag hat und vieles mehr. Im Internet sind sogar ellenlange Aufsätze zu finden, die sich nur damit beschäftigen, welche Pfeife Holmes geraucht hat. Und natürlich erfährst du dort auch, wie der dicke und faule und ältere Bruder von Sherlock Holmes heißt. Genau richtig kombiniert: Mycroft.

Besondere Begabung:
logisches Denken
Typische Eigenschaften:
wortkarg, cool
Laster:
starker Pfeifenraucher,
kokainabhängig
Hobbys:
Boxen, Fechten, Violine
spielen
Äußere Erscheinung:
über 1,80 Meter groß,
sehr schlank
Kleidung:
karierter Mantel und
eine Art Tropenhut
Erster Fall:
Eine Studie in Scharlachrot
Gelöste Fälle:
(soweit bekannt) 60

James Bond lässt sich selten hängen. Der Agent 007 wurde bisher von fünf Darstellern gespielt: Sean Connery, George Lazenby, Roger Moore, Timothy Dalton und Pierce Brosnan. Hier seilt sich Pierce Brosnan alias James Bond in „Die Welt ist nicht genug" ab.

Der Superagent: James Bond

Geheimagenten arbeiten meist im Verborgenen. Einen jedoch kennen Millionen Menschen in aller Welt: James Bond, der berühmteste Kino-Agent aller Zeiten.

E r hat beste Manieren und ist stets tadellos gekleidet. Er spricht mehrere Sprachen, ist ein exzellenter Weinkenner, Frauenheld und Draufgänger. Es gibt vermutlich keine Kampfsport-art, die er nicht beherrscht. Und er stellt sich mit der wohl berühmtes-ten Begrüßungsformel der Filmge-schichte vor. Natürlich weißt du Bescheid: „Mein Name ist Bond. James Bond." Er ist Superagent Ihrer Majestät, der britischen Köni-gin, und er besitzt die Lizenz zum Töten. Das verrät seine Kennnum-mer 007. Er hat einen harten Job: die Welt retten. Und zwar immer wieder, denn die fiesen Schurken sprießen wie Pilze aus dem Boden. Etwa alle zwei bis drei Jahre ist es so weit: In diesem Rhythmus kom-men neue James-Bond-Streifen in die Kinos. James Bond ist längst eine Kinolegende. Angefangen hat jedoch alles mit einem Buch: 1953 erschien in Großbritannien das erste James-Bond-Abenteuer „Casi-no Royale". Dann folgten Jahr für Jahr Romane und Kurzgeschichten über den tapferen und unbesieg-baren Einzelkämpfer. Erfunden hat sie ein Mann, der sich in der Welt der Geheimdienste bestens aus-kannte: Ian Fleming.

Erfunden aus Aufregung

Fleming wurde 1908 in London ge-boren. Er studierte Psychologie, ar-beitete als Journalist und diente im Zweiten Weltkrieg beim Geheim-dienst der Kriegsmarine. Fleming selbst war an vielen geheimen Ein-sätzen beteiligt. Kaum zu glauben, aber aufregender als das Leben beim Geheimdienst scheint für ihn

Martini: geschüttelt, nicht gerührt, das ist eines der Markenzeichen von James Bond. Hier erholt sich 007 (Sean Connery) von seinen anstrengenden Einsätzen im „Diamantenfieber".

die Zeit vor seiner Hochzeit im März 1952 gewesen zu sein: Er behauptete jedenfalls, er sei so nervös gewesen, dass er sich mit Schreiben ablenken musste. Deshalb habe er James Bond erfunden.

Allein gegen den Rest der Welt

Seiner Figur gab er folgenden Steckbrief: „Größe 183 Zentimeter, Gewicht 76 Kilogramm, schlank, blaue Augen, schwarze Haare. Guter Sportler, ausgezeichneter Pistolenschütze und Messerwerfer." Die Handlung läuft nach einem festen Schema ab: Ein böser Schurke will die Welt zerstören oder die Alleinherrschaft über die Erde erlangen; James Bond muss ihn daran hindern. Als Ian Fleming seine ersten Geschichten schrieb, gab es dafür einen politischen Hintergrund: Die USA und die damalige Sowjetunion standen sich als die beiden großen Supermächte der Welt feindlich gegenüber. Zum so genannten „Kalten Krieg" gehörten massives Wettrüsten und Spionage. Ian Fleming stand auf der Seite der Amerikaner. Kein Wunder also, dass die Gegner seines Helden meist aus der Sowjetunion oder Asien stammen. Eines haben alle Finsterlinge gemeinsam: Gegen 007 haben sie keine Chance.

Nie wieder! Nachdem Sean Connery den Superhelden sechsmal verkörpert hatte, schwor er: „Nie wieder!" Zwölf Jahre später war er dann doch wieder dazu bereit – und als ironische Anspielung bekam der Film den Titel „Sag niemals nie" ...

Die Ausrüstung der Spione

Denn dank des genialen Tüftlers „Q", der ebenfalls für den britischen Geheimdienst arbeitet, überrascht Bond in jedem Film mit neuen technischen Geräten, den so genannten „Gadgets": hoch gerüstete Luxusautos mit eingebauten Raketen, Kugelschreiber mit Schussvorrichtung, Armbanduhren mit Laser und vieles mehr. Kein Wunder, dass die Bond-Filme einiges kosten: Allein die letzten drei verschlangen jeweils etwa 100 Millionen Dollar!

Ob die „echten" Spione über eine ähnlich tolle Ausrüstung verfügen, darüber lässt sich nur spekulieren. Aber: Minikameras und winzige Roboter, tödliche Laserwaffen, hoch entwickelte Nachtsichtgeräte und vieles mehr sind längst Realität. Als die ersten James-Bond-Filme gedreht wurden, galten sie noch als reine Fantasieprodukte.

Geschütteltes Happy End

Auf jeden Fall haben die Geschichten, die Ian Fleming erfunden hat, gegenüber der Wirklichkeit einen großen Vorteil: Du kannst dich darauf verlassen, dass alles gut ausgeht, dass das „Böse" aus der Welt verschwindet. Am Ende genießt der Held seinen Triumph. Mit dem Kultgetränk, das jeder James-Bond-Fan kennt: Wodka Martini ohne Eis. Geschüttelt, nicht gerührt.

Was kaum jemand weiß: James Bond gab es wirklich! Allerdings war er kein Superagent, sondern – ein Vogelkundler. Eines seiner Fachbücher stand bei Ian Fleming im Bücherregal; der Autor „borgte" sich den Namen für seinen Helden einfach aus.

Halle Berry spielt das Bond-Girl in „Stirb an einem anderen Tag". „Bondinen" gehören zu jedem James-Bond-Film. In neueren 007-Filmen sind sie ebenbürtige Kämpferinnen und nicht unbedingt blond.

Volle Frauenpower

Detektivarbeit ist Männersache? Von wegen! Berühmte weibliche Spürnasen aus Film und Fernsehen:

Emma Peel – Mit Schirm, Charme und Melone

„Mrs. Peel, wir werden gebraucht", sagt John Steed in jeder Folge zu Emma Peel. Steed und Peel arbeiten als Geheimagenten Ihrer Königlichen Britischen Majestät. Gemeinsam kämpfen sie gegen Roboter, Außerirdische und feindliche Agenten. Im letzten Drittel jeder Folge taucht Emma Peel im Karate-Kampfanzug auf, um ihre Gegner außer Gefecht zu setzen. Nichts Besonderes, sagst du? Stimmt, heutzutage nicht. Aber Emma Peel löste bereits in den 60er Jahren jeden Fall.

··· „Mit Schirm, Charme und Melone" ist eine britische TV-Serie. Sie lief in den 60er und 70er Jahren erstmals im deutschen Fernsehen.

Die Fälle der Shirley Holmes

Ihr Name ist Holmes, Shirley Holmes. Kommt euch der Name irgendwie bekannt vor? Genau, ihr Urgroßonkel ist kein Geringerer als der berühmte Detektiv Sherlock Holmes. Mit ihren hervorragenden detektivischen Qualitäten macht die gerade einmal zwölfjährige Detektivin ihrem Namen alle Ehre: Ihre Beobachtungsgabe ist außergewöhnlich, sie ist schlagfertig, furchtlos und nicht so leicht aus der Ruhe zu bringen. Natürlich beherrscht sie auch alle Tricks und setzt die modernsten Hilfsmittel der Verbrechensaufklärung ein. Ihr Urgroßonkel könnte stolz auf sie sein.

··· Die kanadische TV-Serie „Die Fälle der Shirley Holmes" war im KI.KA und im ZDF zu sehen und soll wiederholt werden.

Miss Marple

Eine nette Oma aus Großbritannien lehrt die Verbrecher das Fürchten. Ihre Taktik: Sie löst ihre Fälle mit Kombinationsvermögen, Selbstbewusstsein, scharfer Beobachtungsgabe und Menschenkenntnis. Ihr Geheimnis: Polizei und Gangster nehmen sie nicht ernst – und das wird ihnen zum Verhängnis. Detektiv-Fans sollten Miss Marple ebenfalls nicht unterschätzen: Sie können von ihr einiges lernen!

⋯⋮⟩ **Die Fälle von Miss Marple kannst du hin und wieder im Fernsehen sehen oder du liest die Romane von Agatha Christie.**

Drei Engel für Charlie

Hier sind sie: die drei!!! Sie, das sind Natalie, Dylan und Alex: ein „Eliteverbrechensbekämpfungsteam" der besonderen Art. Hier ist volle „Girl-Power" angesagt. Das kampfsporterprobte, charmante Trio nimmt es mit jedem Gegner auf. Nur ein Geheimnis haben sie noch nicht gelöst: Wer ist ihr Boss Charlie? Also, strengt euch an, Engel!

⋯⋮⟩ **Die Serie „3 Engel für Charlie" lief in den 70er Jahren im Fernsehen. Inzwischen gibt es zwei Kinofilme mit gleichnamigem Titel.**

Lara Croft

Lara Croft ist die Hauptfigur der Video- und Computerspielserie und des Kinofilms „Tomb Raider" (Schatzjägerin): Sie besteht als Archäologin und Schatzjägerin spannende Abenteuer und löst die schwierigsten Fälle. James Bond und Indiana Jones können einpacken. Denn: Lara Croft kann besser kämpfen, schneller schwimmen und genialer kombinieren als beide zusammen!

⋯⋮⟩ **Zu „Tomb Raider" gibt es sechs Computerspiele, zwei Kinofilme (auch als DVD erhältlich) und ein Brettspiel.**

Unschuldig gehängt

In Western-Filmen ist immer wieder eine Szene zu sehen: Eine Menschenmasse jagt einen vermeintlichen Verbrecher, um ihn zu bestrafen. Diese Art der Selbstjustiz wird Lynchen genannt. Also die Bestrafung von Verdächtigen ohne gerichtliches Urteil. Der Begriff geht vermutlich auf den Oberst und Richter Charles Lynch zurück. Dieser ließ im amerikanischen Unabhängigkeitskrieg Menschen ohne Gerichtsverfahren hinrichten.

Eine tanzende Spionin

Ihr Künstlername war Mata Hari. Mata Hari wurde 1876 als Margaretha Geertruida Zelle in den Niederlanden geboren und wegen Doppel-Spionage 1917 in Frankreich zum Tode verurteilt und erschossen. Berühmt wurde sie als Tänzerin, gearbeitet hat sie als Agentin für Frankreich und Deutschland. Ihre Lebensgeschichte wurde 1931 verfilmt.

Filmbösewichte aufgepasst

„Filmbösewichte dürfen nicht gewinnen!" So lautete eine Vorschrift, die in Hollywood, im Zentrum der amerikanischen Filmindustrie, im Jahre 1930 ausgegeben wurde. Also wurden Filmfieslinge unter allen Umständen bestraft.

Was ist eine Asservatenkammer?

„Beweismaterial aus der Asservatenkammer geklaut", heißt es immer wieder in Fernsehkrimis. Bestechliche Polizisten oder raffinierte Kriminelle? Aber, halt, stopp! Was ist das eigentlich, die Asservatenkammer? Hier bewahrt die Polizei Gegenstände auf, die in Zusammenhang mit einer kriminellen Tat stehen. Das können Beweismittel (wie Patronenhülsen), beschlagnahmte Hehlerware, Waffen oder Drogen sein.

Alles Ketschup, oder was?

Ketschup gehört auf die Pommes und nicht in einen Krimi. Genau! Entgegen anders lautenden Gerüchten verwenden die Maskenbildner in Filmkrimis kein Ketchup als Blutersatz, sondern so genanntes Filmblut. Das ist in Spezialgeschäften erhältlich. Es ähnelt in Konsistenz und Aussehen echtem Blut, ist aber leicht abwaschbar und riecht komisch.

Des Spions liebste „Waffen"

Was würde James Bond machen ohne sein Skistockgewehr („Der Spion, der mich liebte"), seinen Unterwasserantrieb („Feuerball") oder seinen Wanzendetektor („Im Angesicht des Todes")? Diese technischen Spielereien werden Gadgets genannt. Die meisten Film-Geheimagenten und Filmdetektive benutzen Gadgets, um schwierigen Situationen zu entkommen.

Detektive in der Unterwelt

Um die Welt unter der Erdoberfläche zu erforschen, brauchst du keine Astronautenausrüstung. Es genügt: ein Helm, eine Stirnlampe, Handschuhe und wetterfeste Kleidung. Viel Spaß in der Unterwelt!

Reste einer gewaltigen unterirdischen Autobahn:
Die Nationalsozialisten wollten den Verkehr unter Berlin hindurchführen. Der Tunnel wurde nach 1945 nicht weitergebaut und endet heute blind.

Der Eingang zur Unterwelt: Eine unauffällige, grün verwaschene Tür. Was sich dahinter befindet, ist allerdings nichts für schwache Nerven. Eine steile Treppe führt tief nach unten in den düsteren Abgrund. Es geht durch verrostete Stahltüren, an meterdicken Betonwänden vorbei. Die Wände sind mit Leuchtfarbe gestrichen. Im Dunkeln streuen sie ein fahlweißes Licht. Vom heißen Sommertag ist fast zehn Meter unter der Erde nichts mehr zu spüren. Es riecht nach Vergangenheit, Abenteuer und Geheimnisvollem.

Die Gänge, Tunnel und Schächte unter Berlins Boden haben da einiges zu bieten: S- und U-Bahnanlagen, Luftschutzbunker, Abwasserkanäle – sogar eine Flugzeugfabrik wurde unter Tage angelegt. „Unter der Oberfläche Berlins stößt man bei jedem Schritt auf Dinge, die Geschichten erzählen", schwärmt Vladimir. Spurensuche im Boden, klar, dass das spannender ist als trockene Geschichtsbücher. Mit seiner Leidenschaft für unterirdische Geheimnisse steht der Stadtabenteurer nicht alleine da.

Die Berliner Unterwelt ist teilweise nur mit Booten zu erforschen.

Die Fans der Schattenwelt

Seit vier Jahren arbeitet Vladimir im Verein „Berliner Unterwelten" mit und erforscht zusammen mit über 140 anderen Schattenwelten-Fans verborgene unterirdische Bauten. Sitz des Vereins und zugleich Museum ist eine Bunkeranlage im U-Bahnhof „Gesundbrunnen", die früher Schutz vor Bomben bieten

sollte. „Hier im Stadtbezirk Wedding kursieren seit vielen Jahren die tollsten Geschichten um den nahe gelegenen Park, den Humboldthain, und seine unterirdischen Geheimnisse", berichtet Vladimir. Von Resten einer unterirdischen

Geduld und Sportlichkeit sollte ein Detektiv im Untergrund mitbringen.

146,9 Kilometer ist das Berliner U-Bahnnetz lang, das von Zügen befahren wird. Dazu kommen aber noch sehr viele Versorgungstunnels.

Stadt erzählen einige alte Berliner. Die haben Vladimir und seine Vereinsfreunde bisher allerdings nicht gefunden. Stattdessen aber in einer alten Militärruine 25 Meter unter der Erdoberfläche einen unterirdischen See mit so klarem Wasser, dass man bis auf den Grund sehen kann.

„Und der hatte es in sich – ganz wörtlich genommen", erinnert sich Vladimir mit leuchtenden Augen. „Kein einziger Gegenstand im See, weder Töpfe noch Lkw-Teile zeigte auch nur die kleinste Rostspur – obwohl sie vermutlich die letzten 60 Jahre im Wasser lagen." Wie das wohl geht?

„Das haben wir uns auch gefragt", gibt Vladimir zu. Es musste eine Erklärung geben, denn an Zauberei glaubte keiner der Unterweltler. „Das hat uns echt lange beschäftigt. Schließlich kamen wir drauf: Der Sauerstoff fehlte hier unten", kombiniert der 18-Jährige messerscharf.

So sehen Detektive aus, die die Berliner Unterwelt erforschen.

Alleingänge sind gefährlich

Das Berliner Schattenreich hat aber noch mehr zu bieten: In einem stillgelegten Tunnel eines U-Bahn-Schachtes wachsen Pilze mit der Schwerkraft, also von oben nach unten, und stoßen Baumwurzeln gleich durch zwei

Das ist Vladimir, ein begeisterter Hobby-Schattenwelten-Detektiv. Er hat eine tolle Entdeckung gemacht: Für diese

Baumwurzel sind selbst dicke Betondecken kein Hindernis.

Kristallklar ist dieser unterirdische See. In ihm gibt es praktisch keinen Sauerstoff. Die Forscher fanden nicht verrostete Gegenstände, die hier bereits mehrere Jahrzehnte lagen.

dicke Betondecken. Beide, Pilz und Baum, suchen Feuchtigkeit. Wie viele unterirdische Anlagen – und damit natürlich auch Geheimnisse – der Berliner Boden birgt, kann heute immer noch niemand mit Sicherheit sagen. An die tausend Tunnel, Gänge, Braukeller und Reste von Militäranlagen dürften es aber sein.

Um unterirdische Anlagen aufzuspüren und zu sichern, heißt es erst einmal, sich wochenlang durch alte Unterlagen zu wühlen, Stadtpläne zu studieren und Berichte von Augenzeugen zu lesen. Vor allem müssen die Unterweltforscher eng mit Stadtverwaltung und Grundstücksbesitzern zusammenarbeiten, denn ohne deren Erlaubnis läuft gar nichts. Hinzu kommt: vorhandene Anlagen in Schuss halten, Vorträge und Führungen organisieren.

Das alles machen die Unterweltler in ihrer Freizeit. Im Alltag sind sie nämlich ganz normale Berliner Bürger: Rechtsanwälte, Bauarbeiter, Polizisten, Lehrer, Banker oder eben Schüler wie Vladimir.

Jeder Schritt ein Abenteuer

Die Vereinsarbeit ist immer auch Teamarbeit. „Alleingänge zum Buddeln gibt es bei uns nicht", stellt Vladimir klar. Zu gefährlich sind die Erkundungen in dem unterirdischen Labyrinth, die an vielen Stellen auch schlichtweg verboten sind. Selbst ernannte „Maulwürfe" könnten schließlich wichtige Bauwerke unfreiwillig zerstören oder sich und andere in Lebensgefahr bringen.

Das größte Abenteuer für Vladimir ist der erste Schritt in ein unbekanntes unterirdisches Bauwerk. Dafür aber gleich Tiefbauingenieur werden? Der 18-Jährige winkt ab. „Lieber weiter als Stadtabenteurer auf Spurensuche gehen" – schließlich warten im Berliner Boden noch viele Geheimnisse darauf, entdeckt zu werden.

Internationale Unterwelten im Internet:
Berlin:
www.berliner-unterwelten.de
Paris:
www.catacombes.info
Rom:
www.catacombe.roma.it

Schatten an der Wand: Manchmal kann die Erforschung der Unterwelt schon ganz schön unheimlich sein.

Tiefseefisch

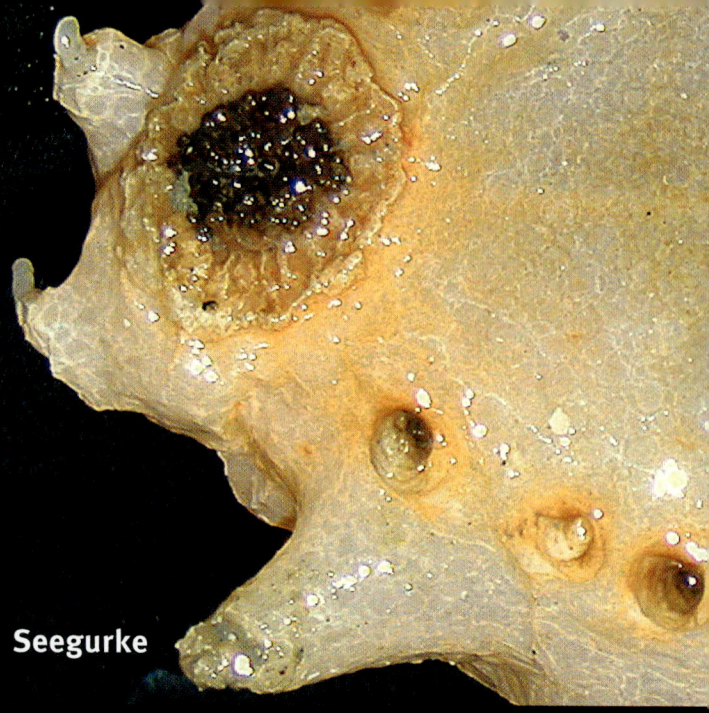
Seegurke

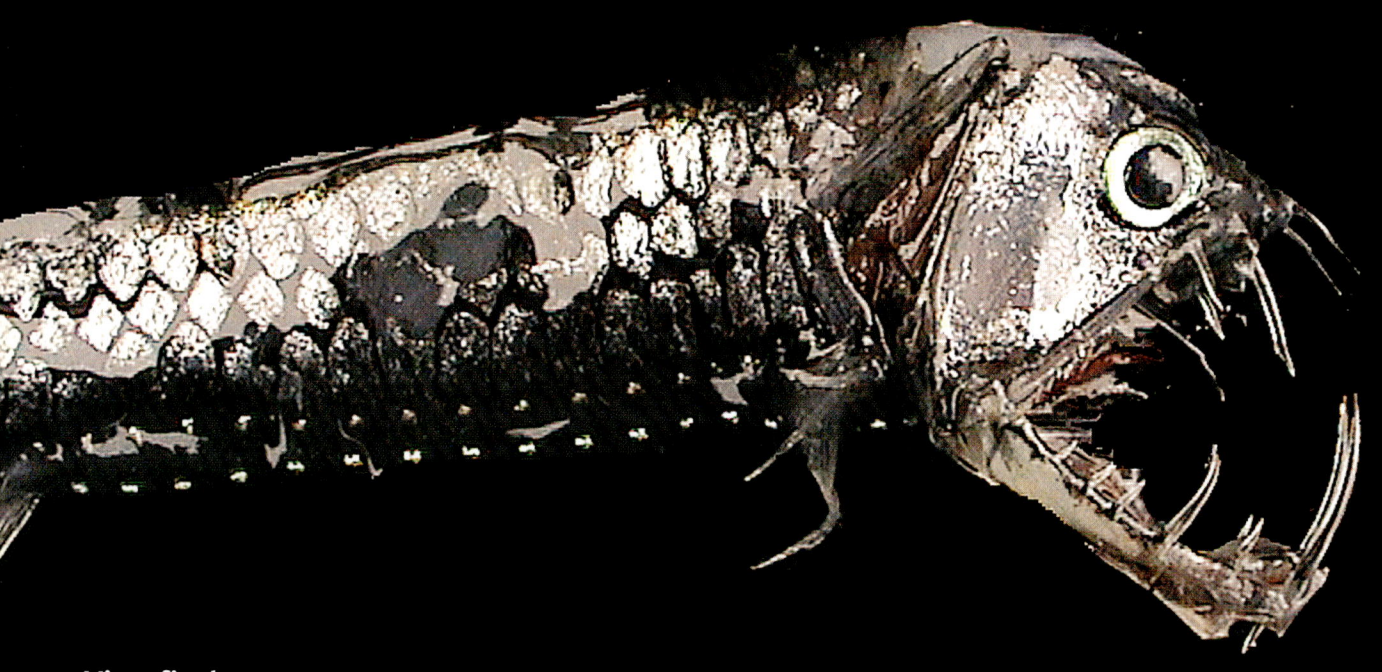
Viperfisch

Tiefseegarnele

Tiefseeschleimkopf

Unterwasserdetektive: Tiefseemonstern auf der Spur

In den finsteren Abgründen der Weltmeere existiert eine unbekannte Welt. Dort leben bizarre Monsterwesen, die noch niemand gesehen hat.

Du glaubst, die ganze Erde sei bereits erforscht? Irrtum! Es gibt noch Regionen, in die hat noch kein Mensch seinen Fuß gesetzt. Es sind die tiefen Schluchten und Gräben im Meer, die bis zu elf Kilometer unter der Wasseroberläche liegen. Und wenn du auf den Globus schaust, kannst du sehen, dass dies ein ziemlich großes Gebiet ist. Denn der weitaus größte Lebensraum unseres Planeten befindet sich unter Wasser.

In den unteren Etagen der Meere ist es eiskalt und stockdunkel. Es liegt wohl auch an dieser unheimlichen Finsternis, dass wir über die Tiefsee weniger wissen als über den Mond. Es ist allerdings auch sehr schwierig, diese schwarzen Abgründe in den Weltmeeren zu erforschen. Nicht nur, weil sich Taucher mit einer normalen Ausrüstung nicht weiter als 100 Meter in die Tiefe wagen dürfen. Dringen sie weiter vor, steigt die Konzentration des Atemgases in ihrem Blut so stark an, dass es das zentrale Nervensystem schädigt.

Erschwert wird die Erkundung der Tiefsee jedoch vor allem durch den Wasserdruck. Dieser wird umso größer, je weiter man in die Tiefe vorstößt. Bereits 30 Meter unter dem Meeresspiegel lastet das Vierfache des normalen Luftdrucks auf dem Körper, in 1000 Metern Tiefe drücken also bereits 100 Kilogramm auf jeden Quadratzentimeter

Körperoberfläche. Hierher gelangen daher nur Spezial-Tauchboote, die dem ungeheuren Druck standhalten können.

Lange Zeit ging man davon aus, dass Lebewesen in den Abgründen der Weltmeere nicht existieren könnten. Das änderte sich vor etwa 150 Jahren, als ein im Mittelmeer verlegtes Kabel repariert werden musste. Aus tausenden von Metern Tiefe wurde es ans Tageslicht geholt – und zur Überraschung aller war es von Muscheln und Seesternen besiedelt. Es musste also Lebewesen dort unten geben!

Abtauchen in die Finsternis

Kurz darauf begannen die Forscher, in das faszinierende Reich der Dunkelheit einzutauchen. Die erste deutsche Expedition startete 1898 in Hamburg mit dem Forschungsschiff „Valdivia", das mit speziellen Fangnetzen Meerestiere ans Tageslicht holte. Schnell stellten die Wissenschaftler fest: Auch in den großen Tiefen tummeln sich Fische und Quallen, Krebse und Muscheln, Würmer und Schnecken!

Alles Gute kommt von oben

Viele Arten haben sich an diese kalte, dunkle Region angepasst. Sie leben nach dem Motto: Alles Gute kommt von oben. Weil ohne Licht keine Pflanzen wachsen, fressen die Tiefseebewohner das, was von der Meeresoberfläche nach unten sinkt. Viel ist das nicht, und man darf möglichst keinen Bissen verpassen. Deshalb schwimmen dort unten wahre Monster herum, mit riesigen Mäulern und spitzen Zähnen.

Mit diesen Netzen holen die Forscher die „Monster" aus der Tiefsee. Bislang haben die Wissenschaftler gerade mal fünf Quadratkilometer des Meeresgrundes unter die Lupe genommen. Zum Vergleich: Schon der Bodensee ist hundertmal so groß!

Das Forschungsschiff Meteor hat elf Kilometer Trossen und Kabel an Bord. Damit stoßen die Forscher in Tiefen bis zu 5 500 Meter vor.

Monster wie aus dem Horrorfilm

Bei den „Hochgucker"-Fischen zeigen die Augen senkrecht nach oben. Andere Arten wie der Viperfisch können ihren Kiefer aushängen und Brocken verschlingen, die beinahe so groß sind wie sie selbst! Manche Quallen und Tintenfische sind fast durchsichtig. Mit dieser Tarnung wollen sie ihren Feinden entkommen. Raubfische haben ebenfalls Tricks entwickelt: An der Flosse des Anglerfischs baumelt ein leuchtender Köder, wie ein Wurm, der ihm die Nahrung direkt vors Maul lockt.

Wie schaffen es Forscher, einen Blick auf diese bizarren Wesen zu werfen? Sie haben drei Möglichkeiten: U-Boote, ferngesteuerte Kameras und Netze. Spezielle Tauchboote sind schon in die tiefste Stelle der Ozeane, den Marianen-Graben, vorgedrungen. Ihre Erkenntnis: Auch hier, rund 11 000 Meter unter dem Meeresspiegel des Pazifik, leben Tiere.

Detektivarbeit am Meeresgrund

Wissenschaftler aus den USA, Japan und Frankreich können mit Tauchbooten die Tiefe erforschen. Die deutschen Forscher besitzen bisher keine U-Boote, da die tiefseetauglichen Spezial-Boote technisch sehr aufwändig und daher äußerst teuer sind. Die Wissenschaftler hierzulande setzen vor allem Schleppnetze und seit kurzem auch einen Tiefseeroboter der Universität Bremen ein. „Jedes Mal, wenn wir in die Tiefsee greifen,

Dr. Michael Türkay, stellvertretender Leiter des Forschungsinstituts Senckenberg, auf der Meteor.

holen wir was Neues raus", sagt der Biologe Dr. Michael Türkay. Er ist stellvertretender Leiter des Forschungsinstituts Senckenberg in Frankfurt, das eine sehr große Tiefsee-Sammlung besitzt.

Außerdem stechen die Wissenschaftler mit Greifern, die an kilometerlangen Trossen hängen, in den Meeresboden. Mit diesen schlammigen Proben bringen sie auch winzige Lebewesen, wie Bakterien, Würmer oder Krebse, an Deck.

Die Detektivarbeit auf dem Meeresboden erfordert Geduld. Sechs Stunden braucht beispielsweise ein Netz für den Weg nach unten, drei Stunden wird es geschleppt, dann geht es wieder hinauf. Nur „eine Handvoll Zeug" kommt an Bord an, denn die Tiefsee ist sehr dünn besiedelt.

Experten vermuten wahre Giganten in den unerforschten Weiten der Tiefsee. Erst kürzlich haben sie eine sensationelle Entdeckung gemacht: Sie stießen auf bisher unbekannte Riesen-Tintenfische! Diese Tiere haben zehn Fangarme und werden bis zu 20 Meter lang. Ihre Augen können einen Durchmesser von 40 Zentimetern haben und sind damit die größten im Tierreich.

„Außerirdische, bitte melden!" Weltraumdetektive sind den Rätseln des Universums auf der Spur. Ob sie irgendwann tatsächlich grüne Männchen entdecken? Sicher ist: Diese Spiralgalaxie aus Millionen von Sternen ist 300 Millionen Lichtjahre von der Erde entfernt.

Weltraumdetektive: Spurensuche im All

Mit detektivischem Spürsinn wollen Weltraumforscher die Geheimnisse des Universums lösen. Riesige Ferngläser helfen ihnen bei der Spurensuche.

Wenn du nachts in den wolkenlosen Himmel schaust, siehst du viele Sterne. In den unendlichen Weiten des Alls, hinter diesen Sternen, die du mit bloßem Auge erkennst, gibt es noch viel mehr zu entdecken. Ferne Planeten, gewaltige Sternenhaufen, und, wer weiß, vielleicht sogar Außerirdische?

Hartnäckig sind die Weltraumforscher diesen Geheimnissen auf der Spur. Um die Rätsel des Universums zu lösen, suchen sie wie Detektive nach den allerkleinsten Hinweisen und Indizien. Bei ihrer Spurensuche nutzen sie die modernsten Abhör- und Beobachtungstechniken.

Wichtigstes Hilfsmittel der Astronomen sind dabei Fernrohre mit gigantischen Ausmaßen, so genannte Teleskope. Diese holen unendlich weit entfernte Sterne heran, sodass sie für den Betrachter nah und groß erscheinen. Sie funktionieren im Prinzip wie Ferngläser: Eine Linse oder ein gewölbter Spiegel fängt das schwache Sternenlicht ein und verstärkt es. Je größer der Spiegel eines Teleskops ist, desto weiter kann man damit schauen.

Riesenteleskop als Vergrößerungsglas

Die größten Spiegelteleskope der Welt hat das Keck-Observatorium auf der Insel Hawaii (USA). Sie stehen auf dem Gipfel des mehr als 4000 Meter hohen Vulkans Mauna Kea. Die beiden Teleskope sind wahre Riesen: Sie reichen acht Stockwerke hoch und wiegen mehr als 300 Tonnen – so viel wie 50 Elefanten. Sie können den Himmel bis auf den tausendsten Teil eines Millimeters genau absuchen. Doch auch die größten und schärfsten Teleskope der Erde haben ein Problem: Sie können das All nur durch den Dunstschleier der Erdatmosphäre hindurch erforschen. Viele wichtige Hinweise werden dadurch verzerrt oder verdeckt. Aber auch hier haben sich die Astronomen etwas einfallen lassen: Sie schicken ihre Teleskope einfach in den Weltraum.

Das Weltraumteleskop Hubble ist das schärfste und größte „Auge" im Weltall, das jemals gebaut wurde. Eine Raumfähre brachte Hubble 1990 in seine Umlaufbahn – 600 Kilometer über der Erdoberfläche. Doch kaum war Hubble im All, stellte sich heraus, dass das Teleskop einen Sehfehler hatte und nur unscharfe Bilder produzierte. Hubble brauchte offensichtlich eine Brille.

Aber wie verpasst man einem tonnenschweren fliegenden Fernrohr eine Sehhilfe? Ganz einfach: Die Brille haben Ingenieure auf der Erde gebaut. Dann wurde sie mit einer Raumfähre zum Teleskop

geflogen. Astronauten haben das Ersatzteil eingebaut. Seitdem sieht Hubble schärfer als jedes andere Teleskop.

Eine Brille für Hubble

2003 lieferte Hubble einen Blick in Bereiche des Universums, die kein Mensch je zuvor gesehen hatte. Mehr als 13 Milliarden Lichtjahre sind die Galaxien von der Erde entfernt, die Hubble fotografiert hat. Eine gewaltige Strecke, wenn man bedenkt, dass das Licht allein in einem Jahr 9,46 Billionen Kilometer zurücklegt. Das ist eine fast unvorstellbar große Zahl mit zwölf Nullen!

Die Entdeckung dieser bislang unbekannten Sternenwelt gelang den Wissenschaftlern durch einen Trick: Sie richteten das Weltraum-Teleskop auf einen Galaxiehaufen, der „nur" 2,2 Milliarden Lichtjahre entfernt ist. Dort gibt es Billionen von Sonnen. So viele, dass Lichtstrahlen von ihnen umgeleitet werden. Die Weltraum-Detektive konnten so hinter diese bereits bekannten Sterne sehen. Aber viele

Das größte Weltraum-Teleskop heißt Hubble (Bilder oben). Es wurde 1990 durch die Raumfähre Discovery auf seine Umlaufbahn gebracht. Hubble umkreist die Erde in einer Höhe von 600 Kilometern; für die Reise um unseren Blauen Planeten braucht Hubble 100 Minuten.
Das Teleskop wurde nach dem Astronomen Edwin Hubble benannt.

Dinge im unendlichen Weltall sehen wir selbst mit Super-Teleskopen wie Hubble nicht. Sie sind für uns unsichtbar, weil sie nicht leuchten. Aber sie sind trotzdem da. Woher wissen wir das?

Teleskop-Lauscher fangen Signale auf

Ein fast unglaublicher Zufall hat die Weltraumforscher auf die Spur der „unsichtbaren" Himmelskörper geführt. Der junge Radiotechniker Karl Jansky sollte eigentlich nur herausfinden, warum es bei bestimmten Radioübertragungen so seltsam rauschte. Er bastelte dafür eine Antenne, die er in alle Himmelsrichtungen drehen konnte. So

wollte er erkunden, woher das seltsame Rauschen kam. Und er entdeckte etwas Erstaunliches: Die Radiowellen kamen nicht von der Erde, sondern aus dem Weltraum! Die Sterne senden ein ständiges leises Rauschen aus!

Wie ein gefunktes „Hier bin ich!" verraten die Himmelskörper damit ihre Position. Astronomen können so auch die „Heimlichtuer" im Weltall aufspüren. Die, die kein Licht ausstrahlen. Statt einfacher Antennen helfen ihnen dabei die Radioteleskope.

Alle diese Geräte helfen den Astronomen, die Rätsel des Kosmos Stück für Stück zu lösen. Immer noch sind viele Fragen unbeantwortet. Die Arbeit der Weltraumdetektive geht weiter!

Das größte Radioteleskop der Erde befindet sich auf der Karibik-Insel Puerto Rico. Es heißt Arecibo. Es ist in einen natürlichen Krater eingelassen. Die Reflektorschüssel ist 305 Meter breit und fast 52 Meter tief. Die 900 Tonnen schweren Empfangsantennen sind an Stahlseilen 137 Meter über dem Reflektor aufgehängt. Lange Zeit wurde mit Arecibo auch nach Spuren außerirdischen Lebens im All gesucht! Allerdings vergeblich.

Augen, seid wachsam! Mit diesen beiden Riesen-Fernrohren spähen Astronomen in den Weltraum. Sie sind Teil der Keck-Sternwarte auf Hawaii.

Die Spurensucher: Mit Pinsel, Lupe und Computer

Clevere Ganoven tragen Handschuhe! Nützt aber nichts: Die Spurensicherung findet die Täter auch mithilfe eines einzigen Haares oder einer einzigen Hautschuppe.

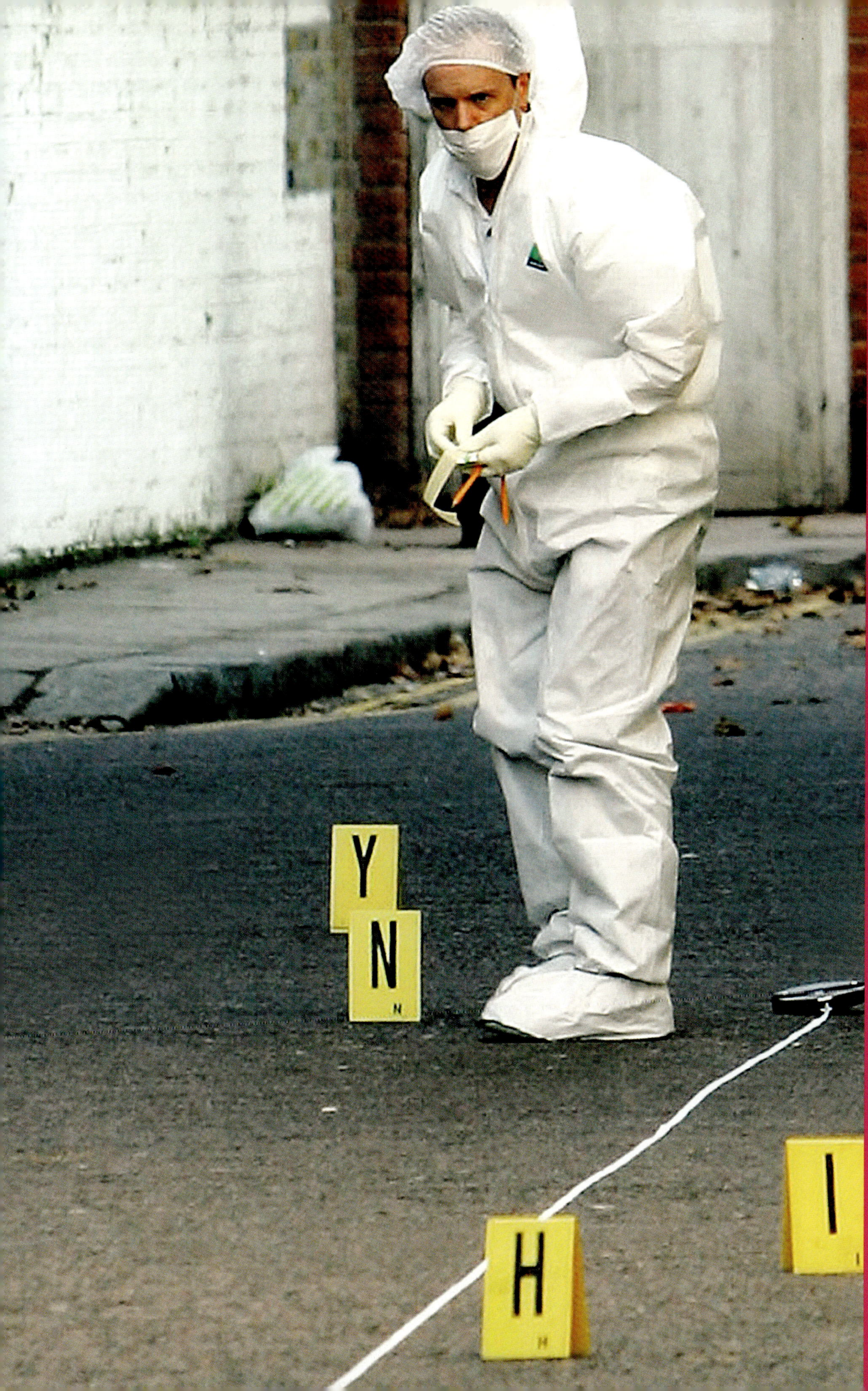

UND AUFGEPASST

Die Arbeitsgeräte
der Kriminaltechniker:
Pinsel und Pulver.

Überall Blutspuren. An der Fensterscheibe, an deren Scherben sich der Einbrecher geschnitten hat. Auf dem Tisch, an den er sich angelehnt hat. Auf den Büro-Schränken, die er durchwühlt hat.

Doch nach einem Fingerabdruck suchen die Kriminaltechniker in den weißen Overalls zuerst vergeblich. Bis er unter dem schwarzen Pulver auftaucht, mit dem einer der Experten die aufgebrochene Geldkassette vorsichtig einpinselt. Der Einbrecher hat Fehler gemacht. Fehler, die die Männer der Spurensicherung vielleicht zu ihm führen werden.

Das Blut, der Fingerabdruck: Damit haben die Kriminaltechniker eindeutige Spuren gefunden. Denn ihnen reichen schon winzige Mengen Blut, Speichel oder Hautschuppen, um eine DNA-Analyse machen zu können. Sie bringt den genetischen Fingerabdruck, der bei jedem Menschen einzigartig ist. Ebenso wie der Abdruck der Finger selbst, die der Einbrecher auf der Geldkassette hinterlassen hat.

Offiziell heißen sie Kriminaltechniker

Die Kriminaltechniker haben beide Spuren gesichert, wie sie es nennen. Und daher kommt auch der Name der Einsatzgruppe: Spurensicherung. Offiziell heißt die Abteilung der Kriminalpolizei „Kriminaltechnik".

Die Spurensicherung wird zum einen bei so genannten Kapitalverbrechen eingesetzt: zum Beispiel bei Mordfällen, Raub, Vergewaltigung oder schwerem Einbruch. Die

Kriminaltechniker sind aber auch gefragt, wenn andere Ermittler nicht mehr weiter wissen. Denn die Männer, die am Tatort weiße Overalls tragen, damit sie weder Spuren verwischen noch selbst welche hinterlassen, sind Spezialisten. Mit Dampf und Chemikalien können sie in ihrem Labor Fingerabdrücke auf einem leeren Papier sichtbar machen, die vorher gar nicht zu sehen waren. Mit einer speziellen Masse stellen sie Abdrücke von aufgebrochenen Schlössern her, mit denen sie sogar das Werkzeug bestimmen können, das der Einbrecher benutzt hat.

Spuren am Tatort

Nichts darf ihnen entgehen. „Wenn wir eine Spur übersehen, ist das nicht wieder gutzumachen", sagt Harald Kaufmann, stellvertretender Leiter des Kommissariats Kriminaltechnik im bayerischen Schweinfurt. Die Spurensicherung ist der Anfang der Ermittlung. Gibt es niemanden, der den Einbruch beobachtet hat, sind die einzigen Beweise am Tatort zu finden. Denn: Niemand kann einen Ort betreten, ohne eine Spur zu hinterlassen. Oft sind es diese Spuren, die zum Täter führen.

Zurück zu unserem Tatort: Den Fingerabdruck hat der Kriminaltechniker mit einem speziellen Pulver eingestaubt. Dann fährt er vorsichtig mit dem Pinsel über die Fläche. Der Abdruck eines Fingers taucht auf. Der Kriminaltechniker legt nun eine Folie auf den Abdruck und zieht ihn ab. Dasselbe macht er bei dem Schuhabdruck, den er vor dem Fenster entdeckt hat. Den

Unscheinbare Fasern: Natürlich finden die Kriminaltechniker auch unzählige Spuren am Tatort, die nicht vom Körper des Täters oder seines Opfers stammen: Fasern und Fusseln von Kleidungsstücken zum Beispiel. Sie bleiben überall dort zurück, wo sich jemand hinsetzt oder entlangstreift. Unter dem Mikroskop stellen die Kriminaltechniker fest, welche Farbe die Faser hat und ob es sich um Wolle, Baumwolle oder Synthetikstoff handelt. Findet die Polizei das dazugehörige Kleidungsstück, kann sie seinem Besitzer relativ sicher nachweisen, dass er sich am Tatort aufgehalten hat.

Fingerabdruck und das Blut, von dem der Techniker eine Probe mit einem Wattestäbchen abgerieben hat, schickt er zum Landeskriminalamt.

Dort wird aus den beiden Spuren vielleicht ein Name. Ist der Einbrecher schon einmal von der Polizei gefasst worden, hat sie sein Foto, eine genaue Beschreibung von ihm, seinen Fingerabdruck oder sein DNA-Muster? Die Polizei arbeitet mit drei großen Datenbanken. Alleine in der DNA-Datenbank sind die genetischen Fingerabdrücke von rund 265 000 Straftätern gespeichert.

Ein unheimlich spannender Job

Die DNA-Datenbank wird für die Polizei immer wichtiger. Konnte früher anhand der Blutspuren gerade einmal die Blutgruppe des Täters ermittelt werden, kann die Analyse

Schuhabdrücke, die mit einer Spezialmasse abgenommen wurden.

der DNA heute 100-prozentig einem bestimmten Menschen zugeordnet werden. Aber: Nicht nur die Kriminaltechnik hat mit moderner Technik mehr Möglichkeiten, auch die Einbrecher sind schlauer geworden. „Die meisten tragen Handschuhe", sagt Kriminaltechniker Harald Kaufmann, „aber dann machen sie doch irgendeinen Fehler, und darauf hoffen wir."

Die Nadel im Heuhaufen

Die kriminaltechnische Arbeit erfordert viel Geduld, und viele Spuren führen ins Nichts. Doch gerade deshalb entwickeln die Spezialisten sehr viel Ehrgeiz. Für Harald Kaufmann war diese Knobelei der Grund, Kriminaltechniker zu werden: „Der Job ist unheimlich spannend: Finden wir Spuren? Kriegen wir den Täter? Das ist der Reiz." Schlechte Nachricht für den Straftäter: Die Suche nach der Nadel im Heuhaufen ist oft erfolgreich.

Ein Einsatzfahrzeug der Spurensicherung.

Verräterische Insekten: Kriminaltechniker brauchen starke Nerven. Vor allem bei Leichen, die einige Zeit unentdeckt geblieben sind. Dann haben Insekten, wie etwa die Schmeißfliege, ihre Eier darauf abgelegt. Aus den Eiern schlüpfen Maden.

Diese Tiere sind bei der Aufklärung eines Verbrechens hilfreich. Denn die Larven verraten, ob der Tote am Fundort oder anderswo ermordet wurde. Die Experten müssen nur feststellen, wo die Fliegenart vorkommt. Und das Entwicklungsstadium der Larven hilft, den genauen Todeszeitpunkt festzustellen. Oft sind die Insekten also die „letzten Zeugen" bei einem Mord.

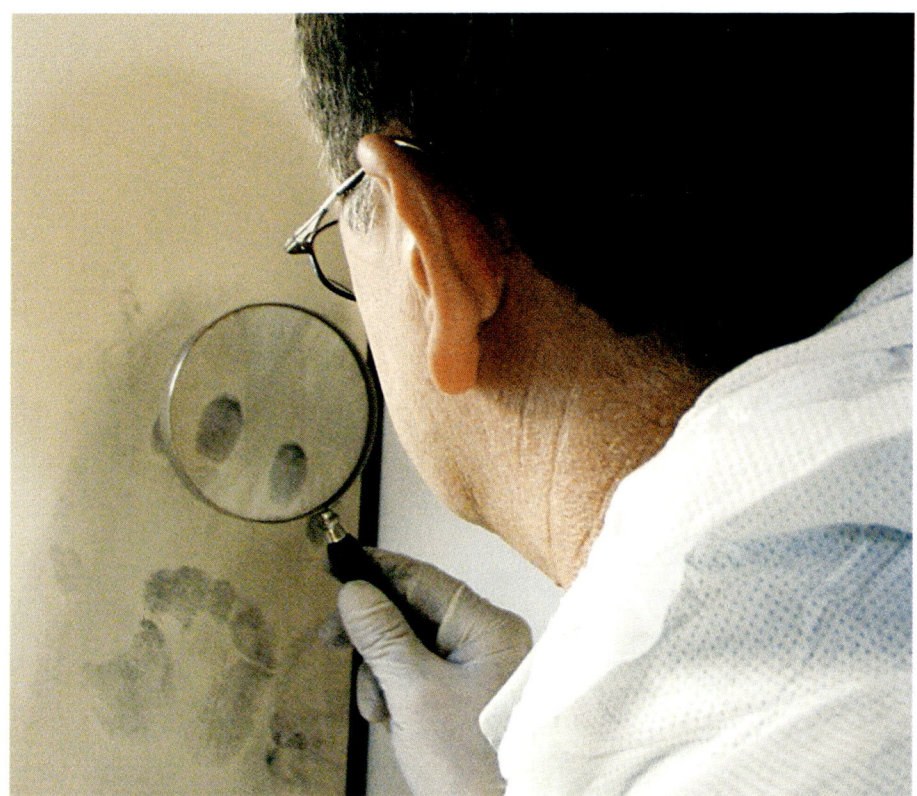

Wie Sherlock Holmes haben Kriminaltechniker immer eine Lupe dabei. Sie dürfen nichts übersehen.

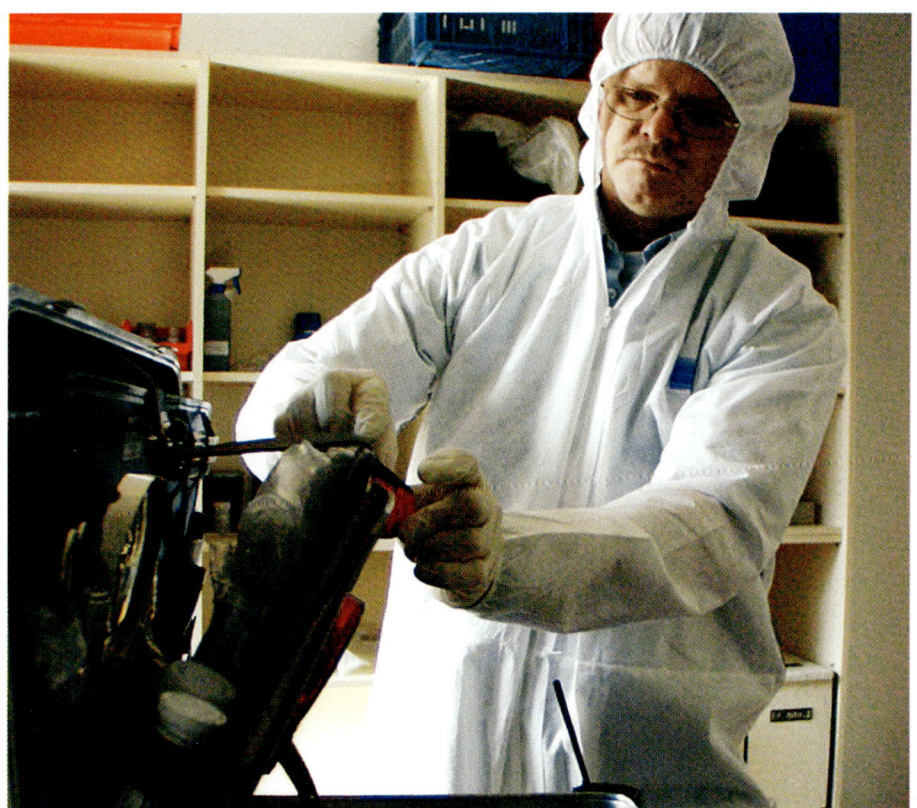

Handschuhe und Schutzanzug: Die Dienstkleidung der Kriminaltechniker. Sonst würden sie selbst Spuren hinterlassen.

Einzigartiges Erbgut: Der Fingerabdruck ist längst nicht mehr das einzige Beweismittel, das den Polizisten zur Verfügung steht. Immer bedeutender wird die so genannte DNS oder DNA (auf „Deutsch": Desoxyribonukleinsäure; im Englischen DNA für deoxyribonucleic acid). Darin steckt die gesamte Erbinformation. Bei jedem Menschen ist sie einzigartig. Deshalb spricht man auch vom „genetischen Fingerabdruck". Schon jetzt stehen den Ermittlern über 265 000 Datensätze zur Verfügung. Und jeden Monat werden es bis zu 7 000 mehr. Um an die DNA eines Täters zu kommen, genügen ihnen schon kleinste Spuren wie Haare und Hautschuppen. Denn die DNA ist in jeder einzelnen Zelle gespeichert. Mittels komplizierter Laborverfahren wird die DNA in Form eines Strichcodes sichtbar gemacht.

Profi-Detektivbüro:
Hier haben Verbrecher
keine Chance.

Tipps für Detektive

Wie richten Detektive ihr Büro ein? Wie sichern sie Spuren und Fingerabdrücke? Coole Ratschläge für schlaue Spürnasen.

Das Detektiv-Büro

1. Block und Stift liegen griffbereit.
2. Ein Aufnahmegerät (Schublade) zeichnet heimlich Gespräche auf.
3. Ein Regal für die Bibliothek.
4. Ein Papierkorb mit doppeltem Boden aus Pappe für Geheimunterlagen.
5. Eine Türglocke, die beim Öffnen der Tür scheppert. So kann niemand heimlich eintreten.
6. Ein Schrank für die Ausrüstung, wie Fingerabdruckpulver, Gips für Abgüsse, Tarn-Utensilien.
7. Ein Karteikasten mit den Daten von Personen und Ermittlungen.
8. Eine Kamera. Richte sie in einem Schuhkarton oder einem anderen Versteck so aus, dass du Besucher fotografieren kannst.
9. Eine Pinnwand für Merkzettel oder Botschaften.
10. Für die Wände: Uhr, Umgebungskarte und Bilder, hinter denen Mitteilungen versteckt werden.

Beachte außerdem:

- Sitze immer mit dem Gesicht zum Eingang. Mit einem Fenster im Rücken kannst du dein Gegenüber gut erkennen.
- Verschiedene Spiegel an der Wand verraten dir, was hinter dir vorgeht.
- Mit Erdnussschalen vor dem Fenster kann sich kein Spitzel unbemerkt nähern.
- Markierungen am Türrahmen zeigen dir die Größe eines Besuchers.
- Mehl vor der Eingangstür hält Schuhabdrücke fest.
- Klemme einen Faden beim Verlassen des Büros zwischen Tür und Türrahmen. Liegt er später auf dem Boden, hat jemand den Raum betreten.
- Mit Außenspiegeln vor dem Fenster hast du vom Schreibtisch aus alles im Blick.

Die Tricks am Tatort

Um einen Fall aufzuklären, ist jeder Hinweis auf den Täter wichtig. Deine Aufgabe am Tatort ist es also, jede noch so winzige Spur zu entdecken.

Am Tatort musst du äußerst umsichtig ermitteln! Wenn du planlos herumtrampelst, brauchst du dich nicht zu wundern, wenn du jede Menge Spuren hinterlässt, Hinweise auf den Täter aber zerstörst.

Trage also stets dünne Wegwerfhandschuhe aus dem Drogeriemarkt, damit du nicht selbst Fingerabdrücke hinterlässt. Die Profis von der Spurensicherung tragen zudem eine Art Duschhaube, damit sie am Tatort keine Haare verlieren. Meistens ziehen sie sogar ganze Schutzanzüge an. Die bekommst du in jedem Baumarkt bei den Malerutensilien.

Oberste Regel am Tatort: Nichts verändern, wenn es nicht unbedingt notwendig ist. Dann: Untersuche den Boden vom Zimmerrand her spiralförmig nach Haaren, Kleiderfasern, Papierfetzen oder einem Knopf. Arbeite dich dabei Zentimeter für Zentimeter vor, damit du kein wichtiges Detail übersiehst oder zerstörst. Anschließend suchst du an Möbeln und Gegenständen nach Fingerabdrücken und anderen unscheinbaren Spuren, die der Täter hinterlassen haben könnte. Jedes Beweisstück fotografierst du

Auch wenn jeder Fingerabdruck einzigartig ist, lassen sich vier verschiedene Grundmuster erkennen: Bogen (1), Schleife (2), Wirbel (3), Mischformen (4).

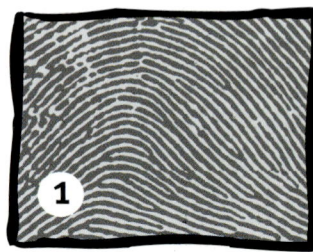

Mühsam ernährt sich das Eichhörnchen! Und die Schnecke! Denn am Tatort solltest du folgendermaßen vorgehen: arbeite dich vom Zimmerrand aus kreisförmig auf den Tatort zu.

zuerst an seinem Fundort. Du kannst den Ort und die Lage aber auch in einer Skizze festhalten. Danach packst du jedes Indiz vorsichtig einzeln mit den Fingern oder mit einer Pinzette in einen Klarsichtbeutel und nummerierst diesen mit einem Etikett. Bei jedem Beweismittel notierst du den Fundort, die genaue Lage und andere wichtige Einzelheiten.

Natürlich kannst du nicht alle Indizien einfach einpacken und mitnehmen. Von manchen, etwa von Reifenspuren, musst du Gipsabdrücke machen, bei anderen, wie beispielsweise Kratzern an einem Fahrzeug, müssen Fotos genügen.

Fingerabdrücke: unverwechselbar

Schweiß und Fett auf den Fingern hinterlassen vor allem auf glatten Flächen wie Glas oder Porzellan Spuren. Die Abdrücke sind ein eindeutiges Beweismittel, weil jeder Mensch ganz unverwechselbare Rillenmuster auf den Fingerspitzen hat. Sogar jeder Finger ist anders. Deshalb nimm für eine Fingerabdruckkartei grundsätzlich die Abdrücke aller zehn Finger.

Fingerabdrücke bleiben sogar unter Wasser erhalten: Es nützt also nichts, einen Beweisgegenstand in den Fluss zu werfen. Schlaue Verbrecher tragen bei ihren Taten deshalb Handschuhe oder wischen alle Flächen, die sie angefasst haben, sorgfältig mit einem Tuch ab. Feines Grafitpulver macht Fingerabdrücke sichtbar. Du streust es über die Spuren und verteilst es vorsichtig, damit nichts verwischt wird, mit einem großen, weichen

Pinsel. Anschließend bläst du das überschüssige Pulver weg. Dann klebst du behutsam einen breiten Streifen transparentes Klebeband über den Abdruck und drückst es mit dem Fingernagel an.

Wenn du das Band nun langsam abziehst, kannst du es mit dem daran haften gebliebenen Fingerabdruck in dein Notizbuch oder auf eine Karteikarte kleben. Achte darauf, dass du für weißes Pulver einen schwarzen, für dunkles Pulver einen hellen Untergrund nimmst. Nun kannst du die Abdrücke unter einer Lupe betrachten. Zeichne die Muster ab und untersuche die typischen Bögen, Wirbel und Schlingenformen.

Um den Täter zu überführen, musst du von jedem Tatverdächtigen Fingerabdrücke nehmen. Dazu rollst du jeden Finger von links nach rechts über ein Stempelkissen und danach über eine Karteikarte. So erhältst du einen vollständigen, ovalen Abdruck. Achte darauf, dass auf der Karteikarte steht, um welche Person es sich handelt und welcher Abdruck zu welchem Finger gehört. Mit der Zeit erhältst du so eine umfangreiche Sammlung an Fingerabdrücken.

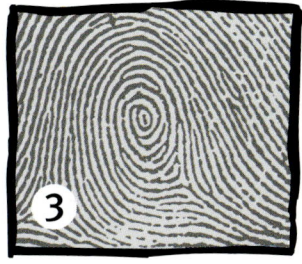

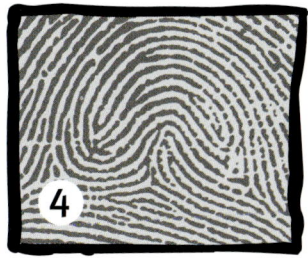

Bist du ein Bogen-, Schleifen-, Wirbel- oder Mischformentyp? Nimm doch einmal die Fingerabdrücke von den Mitgliedern deines Detektivklubs.

Wem gehört dieser Schnuller? Warum befindet er sich am Tatort? Findet es der Detektiv heraus?

Eigolotpyrk?

Geheime Botschaften gehören zum Alltag von Detektiven. Sie müssen sie ent- und verschlüsseln können. Die Wissenschaft von der Ver- und Entschlüsselung heißt Kryptologie. Kryptos (=griechisch) bedeutet verborgen und geheim.

Einzigartig!

• Es kann nur einen geben! Bisher sind keine zwei Menschen mit dem gleichen Fingerabdruck bekannt. Deshalb geht man von der Einzigartigkeit des Fingerabdrucks aus. Als Erfinder der Identifizierung von Kriminellen durch Fingerabdrücke gilt der Engländer Sir Francis Galton (1822 – 1911).

• Eine Handschrift ist so einzigartig wie ein Fingerabdruck! Handschriftenexperten, auch Graphologen genannt, können Handschriften identifizieren.

Schutzgeld nach Tarif

In Italien werden etwa 160 000 Unternehmen von Mafia-Organisationen erpresst. Die römische Zeitung „La Repubblica" veröffentlichte eine Tarifliste. Danach bezahlen kleine Ladenbesitzer 2 000 bis 4 000 Euro pro Jahr, Juweliere etwa 12 000 Euro, Supermärkte und Kaufhäuser 20 000 Euro. Von der Zahlung befreit sind Geschäftsleute, die Verwandte im Gefängnis haben, einen Trauerfall in der Familie beklagen oder mit einem Polizisten oder Carabiniere verwandt sind.

Die etwas anderen Bankräuber

Die Zahl der Banküberfälle in den USA steigt. Jährlich werden rund 7 500 Banken ausgeraubt. Täter sind immer häufiger Schüler, Hausfrauen und Rentner. Ein Zwölfjähriger überfiel beispielsweise eine Bankfiliale im East Village in Manhatten. Er erbeutete 30 000 Dollar. Der Schüler wurde allerdings geschnappt. Eine „Opa-Gang" machte 2005 in der Bundesrepublik von sich reden: Ein Räuber-Trio im Alter von 64 bis 74 Jahren hat innerhalb von 16 Jahren über eine Million Euro erbeutet. Einer von ihnen hatte Angst vor dem Altersheim. Mit seinem Anteil an der Beute kaufte er einen Bauernhof.

Aufgepasst im Bio-Unterricht!

Biologie ist langweilig? Nein! Denn wer Kriminologe werden will, muss aufpassen!

- In der DNA (siehe Seite 101) ist die genetische Information einer Person verschlüsselt. Mithilfe des so genannten genetischen Fingerabdruckes werden immer mehr Täter geschnappt.
- Entlarvende Larven! Angst vor Insekten, Maden und Fliegen? Dann solltest du die Finger vom Beruf des Kriminaltechnikers oder der Kriminaltechnikerin lassen. Denn die kleinen Insekten sind sehr wichtige

Helferinnen bei der Aufklärung von Verbrechen. Wie lange liegt die Leiche schon im Wald? Kriminaltechniker können das anhand des Entwicklungsstadiums von Insekten feststellen. Befinden sich Schmeißfliegeneier oder schon ausgewachsene Fliegen auf der toten Person? Je wärmer es ist, desto schneller wachsen die kleinen Tierchen. Die Experten müssen also Wetterdaten und Fliegengröße miteinander kombinieren. Neue Herausforderungen für moderne Sherlock Holmes!

IMPRESSUM

TREFF-Schülerwissen
Verdächtig
Von großen Ganoven, Detektiven und Spionen

Velber Verlag
© 2005 Family Media GmbH & Co. KG, Freiburg i. Br.

Alle Rechte vorbehalten
Titelbild: Brian Leng / CORBIS, SWR / Krause-Burberg, Photodisc
Text- und Bildredaktion: Andrea Schwendemann
Gestaltung: Anja Schmidt

Illustratorinnen und Illustratoren:
Detlef Kersten: Facts und Cartoons
Isabel Kreitz: Tipps für Detektive (Frank Picolin, Vignetten)

Autorinnen und Autoren:
Katja Beringer: Die Spurensucher – Mit Pinsel, Lupe und Computer
Mike Dütschke: Ungeklärt – Der Fall Kaspar Hauser / Die Kunst der Diebe / Dienstlich in die Diskothek / Die Ermittler mit der kalten Schnauze / Mycrofts schlauer Bruder
Corinna Harder: Von Beruf – Detektiv / Tipps für Detektive
Ann Hörath: Detektive in der Unterwelt
Nadja Podbregar: Weltraumdetektive – Spurensuche im All
Jesko Schmoller / www.geolino.de: Berufswunsch – Agent beim Geheimdienst
Markus Schmid: Gesucht – tot oder lebendig! / Der Detektiv aus der Unterwelt
Mario Schmidt: Yakuza – Mafia auf Japanisch
Andrea Schwendemann: Die Sonntags-Kommissarin / Volle Frauenpower
Ilka Sokolowski: Al Capone – König der Gangster / Profiler – In der Haut des Mörders / Der Superagent – James Bond
Andi Undercover: Facts und Cartoons
Nicole Unruh: Unterwasserdetektive – Tiefseemonstern auf der Spur

Fotonachweise:
S. 8 – 10 Cinetext, S. 12 Corbis, S. 13 Cinetext
S. 14 Werner Herzog Film / Cinetext, S. 16 – 17 Werner
Herzog Film / Cinetext, S. 16 (kleines Bild) privat: Kurt
Kramer (Ansbach), aufgenommen im Markgrafen-Museum
in Ansbach, S. 17 (kleines Bild) privat: Kurt Kramer (Ansbach)

S. 18 Przybylla/Cinetext, S. 20 Harlingue-Viollet/AFP,

S. 21 AKG/René Giffey für die Société Parisienne d'Édition

S. 24 – 25 KAZUHIRO NOGI/AFP/Getty Images, S. 26, 28, 29 Mariko Atsumi, S. 27 Raimond, Baron Stillfried

S. 30 – 33 Cinetext

S. 34 – 37 Michael Bamberger

S. 38 Bettmann/Corbis, S. 39 public domain, Kunsthistorisches Museum/Wien, Bettmann/Corbis

S. 42 – 47 Photodisc, S 47 picture-alliance/dpa (kleines Bild)

S. 48 picture-alliance/KPA, S. 50 picture-alliance/KPA,

S. 51 picture-alliance/obs

S. 52 – 55 Mike Dütschke, S. 54 Michael Bamberger (1)

S. 56 picture-alliance/dpa, S. 58 – 59 Arnd Krieg

S. 60 – 61 Brian Leng/Corbis, Photodisc (5)

S. 64 – 68 Ulrike Berger, S. 69 SWR/Krause-Burberg

S. 70 Cinetext, S. 73 Russell L. Stutler (Illustration)

S. 74 Cinetext, S. 76 Cinetext, S. 77 MGM/Cinetext

S. 78 Cinetext, ACC Entertainment, S. 79 Cinetext (2), Concorde Home Entertainment

S. 82 – 83 Getty Images, S. 84 – 87 Archiv Berliner Unterwelten e.V., S. 86 Ann Hörath (1)

S. 88 Forschungsinstitut und Naturmuseum Senckenberg, Frankfurt/M. (4), Jens Michael Bohn (1/Viperfisch),

S. 90 – 91 Forschungsinstitut und Naturmuseum Senckenberg, Frankfurt/M.

S. 92 ESA, S. 94 – 95 Keck Observatory (1), NASA (2)

S. 96 – 97 Getty Images, S. 98 – 101 Katja Beringer,

S. 100 University of Nebraska (kleines Bild)

Wir danken allen Illustratoren, Fotografen und Verlagen für die Abdruckgenehmigung. Wir haben uns bemüht, alle Rechteinhaber ausfindig zu machen. Sollten wir eine Quelle nicht genannt haben, bitten wir die entsprechende Person, sich mit uns in Verbindung zu setzen.